은유의 문장들

은유의 문장들

한근태 지음

심장을 향해 달려가는 언어의 화살

서문
은유는 본질을 파악해야 할 수 있다

⋅

"험담은 불량 접착제와 같다. 누군가를 험담하면 둘 사이에 우정이 생기는 것 같지만 언젠가 그 사람이 나를 험담할지도 모르기 때문이다."

『성공하는 사람들의 7가지 습관』의 저자 스티븐 코비 Stephen Covey가 한 말이다. 아주 오래전에 읽었는데 절대 잊히지 않는다. 험담을 불량 접착제에 연결한 게 너무 놀라웠기 때문이다. 어떻게 그런 생각을 할 수 있었을까? 이게 은유의 힘이다. 그냥 험담하지 말라는 것과는 차원이 다르다.

"만남은 눈뜸이다. 시간은 목숨이다."

내가 제일 좋아하는 법정 스님이 한 말이다. 만남이 눈뜸이라니? 그러면서 그동안 내가 가졌던 만남을 돌아봤다. 눈이 떠지는 것보다 눈이 감기는 만남이 대부분이었다. 그 사람을 만나 무언가를 배우거나 깨닫기보다는 그 사람이 무슨 말을 할지 예상이 되는 뻔한 만남만을 가졌다는 반성을 했다. 그 후 가능하면 눈이 떠지는 사람을 만나려고 노력했고 눈이 감기는 만남은 줄였다.

"시간은 목숨이다."란 말도 내게는 충격이다. 맞는 말이었다. 그동안 난 목숨을 축내면서 살지 않았는지 돌아보게 됐다. 별다른 용건이 없어도 그 사람을 생각해 억지로 만났는데 더 이상 그럴 필요가 없다는 생각을 했다. 내 목숨을 함부로 남에게 내줄 필요는 없다고 생각했다. 당연히 남의 시간도 함부로 요구하지 않게 되었다. 이것 역시 은유의 파워다. 그냥 말하는 것보다는 은유를 사용할 수 있다면 훨씬 임팩트 있게 소통할 수 있는 것이다.

예전엔 몰랐는데 지금은 알게 된 사실이 있다. 전공이

그렇다. 공학으로 박사까지 했지만 사실 난 공학을 좋아하지 않았던 것 같다. 남들이 하니까, 해야 하니까 꾸역꾸역했지만 내게 공학은 맞지 않았다. 솔직히 내 실력이 부족했다. 친한 친구들은 그 분야에서 나보다 탁월했다. 은근히 열등감을 느꼈던 것 같다. 내가 언어에 관심이 많다는 사실 역시 나이 들어 알게 됐다. 난 말에 관심이 많다. 뻔한 얘기를 길고 지루하게 하는 걸 피하고, 짧지만 강력하고 머리에 확 박히게 얘기하는 걸 좋아한다. 그래서 나도 모르게 그쪽으로 공부를 하고 책을 썼다.

최초의 책은 『리더의 언어』다. 소통에 관한 책인데 제법 팔렸다. 다음은 『말은 임팩트다』란 책이다. 제목 그대로 임팩트 있게 말하는 법에 대해 썼다. 『고수의 일침』이란 책도 장황한 말이 아니라 짧은 한마디로 내 생각을 전하는 것에 대한 책이다. 그게 정확히 무슨 뜻인지를 얘기한 『재정의』가 대표적이다. 무려 세 번에 걸쳐 개정판을 만들면서 공을 들였고 지금도 재정의에 관한 관심은 줄지 않았다. 『리더의 비유』 『한자는 어떻게 공부의 무기가 되는가』『애매한 것을 정리해주는 사전』 모두 언어에 관한 책이다.

이 책은 은유에 관한 것이다. 어떻게 이 책을 쓰게 됐을까? 이런 계기가 있었다. 어느 날 지인이 내게 '박사학위'를 뭐라고 생각하는지 질문을 던졌다. 뭔가 그림은 그려지는데 정확하게 말로 표현하기 힘들었다. 그 사람은 "박사학위는 운전면허증과 같다."라고 말했다. 운전면허증은 지금부터는 운전해도 좋다는 말이다. 그런데 한국의 박사들은 학위를 졸업장으로 생각해 공부하지 않는다는 말이다. 머리에 스파크가 튀는 느낌이었다. 박사들 모임에서 강연할 때 이 말을 했더니 다들 격하게 공감한다. 은유가 얼마나 파워풀한지 보여준다.

은유란 무엇인가? 은유는 연결이다. 전혀 상관없어 보이는 두 단어를 연결시켜 그전까지는 보이지 않던 걸 보게 한다. 강력한 인상을 남긴다. 가을에 먹는 전어가 그렇다. 전어는 가시는 많지만 고소하다. 건강에도 좋다. 당신이 전어를 마케팅한다면 어떻게 하겠는가? 전어에는 뇌

기억과 학습 능력을 향상하는 영양소가 있다. 뇌혈관 질환을 예방하는 영양소도 있다. 몸에 좋다는 건 알겠는데 지루하고 가슴에 와닿지 않는다. 그동안 자기 상품이 몸에 좋지 않다고 얘기하는 걸 들어본 적이 없기 때문이다. 근데 "가을 전어 머리는 참깨가 서 말이다. 전어 굽는 냄새에 집 나간 며느리가 돌아온다."라는 말을 하면 어떤 일이 일어나는가? 완전히 차원이 다르다. 참깨가 서말이다? 집 나간 며느리가 돌아온다? 뭔가 느낌이 온다. 전혀 상관없어 보이는 두 가지를 연결했기 때문이다.

'솜방망이 처벌' 할 때의 솜방망이는 어떠한가? 누가 처음 이 말을 만들었는지 궁금하다. 어떻게 솜과 방망이를 연결할 생각을 했을까? 둘은 아무 상관이 없는 단어다. 근데 둘이 합쳐져 솜방망이가 되면 얘기가 달라진다. 가벼운 징계를 표현하기 위해 상관없는 두 단어를 연결한 것이다. 새로운 의미의 탄생이다. 그냥 가벼운 징계보다 훨씬 강력하다. 솜방망이가 등장하는 순간 가벼운 징계라는 말은 설 자리를 잃었다.

책을 쓸 때 가장 먼저 하는 일은 관련 책을 찾아 읽는 일이다. 근데 은유에 관한 책은 찾을 수 없었다. 찾기가 힘들었다. 있어도 함량 미달이거나 너무 재미없고 뻔했다. 그래서 시간이 많이 걸렸고 안테나를 높이 세우고 발품을 팔면서 모았다. 다행히 책 소개가 직업이라 다양한 책에서 많은 걸 찾을 수 있었다. 독서토론 혹은 개인적으로 만나는 사람으로부터 얻은 것도 많다. 유명인도 있지만 일반인도 있다. 그래도 그들의 이름은 가능한 한 밝혔다. 스스로 터득한 것도 제법 있다.

예를 들어 셀레스트 헤들리Celeste Headlee가 쓴 『말센스』란 책으로 독서토론을 하면서 대화란 무엇인지를 은유법으로 정리했더니 사람들 반응이 괜찮았다. 이런 식이다.

"대화는 탁구와 같다. 주고받아야 하는데 마이크를 잡으면 놓지 않는 사람이 있다. 그건 대화가 아니다. 대화는 캠프파이어와 같다. 듣는 것만으로는 부족하다. 늘 땔감을 보태야 불이 활활 타오른다. 대화는 수신기와 송신기가 같이 작동해야 한다. 근데 송신 기능만 있고 수신기가 망

가진 사람이 있으면 대화가 이루어지지 않는다."

인상적인 은유를 몇 가지 소개한다.

"낙관주의는 적포도주와 같다." 하루 한 잔은 좋지만, 하루 한 병은 해로울 수 있다. 과도한 낙관주의는 과도한 비관주의처럼 건강뿐만 아니라 당신 삶을 위협할 수 있다. "부정적 태도는 바람 빠진 타이어와 같다." 타이어에 바람이 빠져도 차는 갈 수 있지만 오래 달릴 수는 없다. 부정적 태도를 가져도 어느 정도는 살 수 있지만 오래 잘 나가기는 힘들다는 말이다. "비난은 집비둘기와 같다." 집비둘기는 언제나 자기 집으로 돌아온다. 내가 누군가를 비난하면 그 사람 역시 나를 비난하게 마련이다.

은유를 하기 위해서는 깊이 생각해야 한다. 본질을 파악해야 한다. 겉으로는 잘 보이지 않지만 안에 있는 메커니즘을 이해해야 한다. 그게 먼저다. 다음에는 전혀 상관없는 사물이지만 본질이 비슷한 게 뭐가 있을까 찾아야 한다. 태도와 펑크 난 타이어가 그렇다. 태도가 나쁘면 지속 가능하지 않다는 건 알겠는데 거기에 맞는 게 무엇이 있을까 생각하다 펑크 난 타이어를 생각해낸 것이다. 당연히 아무나 할 수 없는 일이다. 은유를 구사하기 위해서는 말을 그림처럼 그릴 수 있어야 한다. 눈에 보이게 해야 한다. 우리가 아는 진리 대부분은 은유를 통해 획득한 것이다. 아니, 은유를 할 수 있다면 본질을 파악한 것이고 이미 천재의 반열에 오른 것일지도 모른다.

차례

서문
은유는 본질을 파악해야
할 수 있다 … 4

ㄱ

감가상각 … 21
감정 … 22
감정 기복이 심한 사람 … 22
감정의 흉터 … 22
감정의 쓰레기통 … 23
강의 … 24
걱정 … 24
게으름 … 24
결혼 생활 … 25
결혼과 사랑 … 25
결혼은 적분, 이혼은 미분 … 26
경영 … 26
경제학자 … 27
고객의 말 … 27
고전 … 27
고통 … 28

골프의 핸디캡 … 28
공감 … 29
공무원의 월급 … 29
공부 … 29
공평과 채식주의자 … 29
과거, 현재, 미래 … 30
과도한 상속세 … 30
관세와 농사지원금의 관계 … 31
광고 … 31
광신자 … 31
교만 … 32
교수의 의무 … 32
교육 … 32
교육과 영혼 … 33
교회와 교인 … 33
구들방과 땅콩 볶기 … 34
국내시장과 해외시장 … 34
국회 … 35
관계 … 35
권력 … 35
규제 … 36
균형 잡힌 삶 … 36
글쓰기 … 36
글쓰기와 골다공증 … 38
급하게 일하기 … 39

기쁨 … 39
기상학자 … 40
기억 … 40
기업 … 40
기축통화국 … 41

ㄴ

나이와 통행금지 … 45
낙관주의 … 46
낮잠 … 46
노력 없이
성공을 기대하는 것 … 46
노화 … 47
논쟁 좋아하는 사람을
골탕 먹이는 법 … 47
논쟁과 사진 인화 … 47
뇌물 … 48
뇌 화상 … 48
뇌에서 어떤 일이
일어나고 있을까 … 49
눈치 … 50
늙어가는 부모님을 보는 것 … 51

ㄷ

대중의 비난 … 55
대화 … 55
대화와 독백 … 56
데드라인 … 56
도파민 … 57
독서 … 57
독서와 글쓰기 … 58
독서와 소화 … 58
독서와 유튜브 … 59
돈 … 59
동면 … 61
두려움 … 61
두부와 콩 … 62
뒷담화 … 62
땀 … 62

ㄹ

라곰 … 65
리부팅 … 65
링크와 슬롯머신 … 66

ㅁ

마약상 … 69
마차와 고속도로 … 69
만남 … 70

만성통증 … 70

말 … 70

말하기와 글쓰기 … 71

면역 … 71

명문고를 없애는 것 … 72

명상 … 73

명성 … 73

명예 … 74

명함 없이 산다는 것 … 74

몸 … 74

몸과 얼굴 … 75

무관심 … 75

무료함 … 76

무의식 … 77

문제 … 77

문학 … 78

물과 기름 섞기 … 78

미간 … 78

미래학 … 79

미루기 … 79

미션 … 79

미움 … 80

민족주의 … 80

ㅂ

바람과 풀 … 85

박사학위 … 85

베르누이의 원리 … 86

벤처캐피털과 스타트업의 관계 … 86

변화 … 87

변화를 위한 방화벽 … 88

변화와 화학반응 … 89

본질 … 90

본질 파악 … 90

부 … 90

부끄러움 … 91

부당한 비평 … 91

부부 싸움과 권투 시합 … 91

부정적 태도 … 92

부지런함과 삼가함 … 92

부채 … 92

북한 … 93

분노 … 93

불가, 도가, 유가 … 94

불만 … 95

불안 … 96

불행 … 96

비용 … 96

비판 … 97
비행기 … 97

ㅅ

사람의 마음 … 101
사랑 … 101
사랑과 자명종 … 103
사법제도 … 103
상대성이론 … 104
생각과 경험의 관계 … 104
생산성 올리기 … 105
석복 … 105
성장 … 106
성장하지 않는 사람 … 107
성찰과 건강검진 … 107
소리 … 108
소설과 언덕길 오르기 … 108
소재 … 109
소통 … 109
수면 부족 상태 … 110
수행 … 110
스마트폰 … 110
스위스 나이프 … 111
스쳐 지나가는 인연 … 111
스프레차투라 … 111

슬럼프 … 112
습관 … 112
승자 … 113
시간 … 113
신기술 … 114
신뢰 … 114
신문, 주간지,
월간지, 단행본 … 115
신문과 목욕 … 115
신문의 만화 … 116
실패 … 116
썰매 없는 썰매개 … 117

ㅇ

아이들 … 121
아이디어 … 122
아이스브레이킹 … 122
아침 일기 … 123
아침을 거른다는 것 … 123
야망 … 124
약속 … 125
양심 … 125
어리석음 … 125
어휘력과 물감 … 125
언어 … 126

언어의 해상도 … 129
얼굴 … 129
업 … 131
엉뚱한 행동 … 131
엑셀과 브레이크 … 131
여론 … 132
여행 … 133
여행하지 않는 사람 … 133
역사를 읽는 것 … 134
열정 … 135
영적 보청기 … 136
영향력 … 137
오르가슴 … 137
외국어 … 138
외로움 … 138
외톨이 … 140
욕망 … 140
용서 … 140
우울증 … 141
운 … 141
운동 … 141
웃음 … 142
위대해진다는 것 … 143
위로 … 143
윗사람 … 144

유머 … 144
유명세 … 145
은퇴 … 145
음반과 스트리밍 … 145
음식과 인간의 관계 … 146
음식문맹 … 146
음주운전 … 146
의견 충돌 … 147
의사결정 … 147
의식과 무의식 … 148
이성 … 149
이익 … 149
익숙함 … 150
인간 … 151
인간의 내면 … 152
인기 … 153
인생 … 154
인터레스트 … 156
인플루언서 … 157
일 … 158
일과 휴식 … 158
일방적 대화 … 159
일상의 색맹 … 159

ㅈ

자기 존중감 … 163

자녀 교육 … 164

자만심 … 165

자식 … 165

자아비대증 … 166

작가 … 167

잡담 … 167

장점과 단점 … 168

장편과 단편 … 169

재무제표 … 169

재택근무 … 169

전쟁 … 170

정부의 과도한 개입 … 170

정신적으로 빈곤한 부자 … 170

정직 … 171

정치 … 171

정치인 … 171

조기교육 … 172

조직문화 … 172

조직문화의 변화 … 174

좋은 책을 읽는 것 … 174

주식 투자 … 175

죽음 … 175

중앙은행의 임무 … 176

지식 … 176

진화와 눈먼 시계공 … 177

질투 … 177

ㅊ

채용 … 181

책 … 181

책을 쓰는 것 … 182

천수답 영업 … 182

철학 … 183

철학, 형이상학, 종교 … 183

첫인상 … 184

청계파와 공회전 … 184

체중 … 185

체지방과 근육 … 185

출산 후 느낌 … 186

출신 … 187

치매 … 187

칭찬 … 187

ㅋ, ㅌ, ㅍ

컨셉 … 191

케이스 스터디 … 192

코르티솔 … 193

태도 … 193

토끼와 거북이 … 193
통계 … 194
패러다임의 전환 … 195
퍼스트레이디와 사이드카 … 195
편견 … 196
편안함 … 196
풀과 종려나무 … 196

기타

SNS상의 관계 … 211
1차 진료 … 212
2세 경영 … 212

ㅎ

하소연 … 201
학위 … 202
한글 전용 … 202
행복 … 202
험담 … 203
헬스장 … 204
혁신 … 204
협상 … 205
호기심 … 205
호르몬 … 206
화 … 206
후반전을 사는 것 … 206
희망 … 207
힘내 … 208

감가상각

 투자할 때 가장 신경쓰이는 부분이 감가상각이다. 투자비를 몇 년에 나누어 상각償却할 것이냐가 주요 어젠다다. 근데 감가상각 속도가 가장 빠른 것은 미모 아닐까? 물론 젊음도 쉽게 사라지긴 한다. 세상에 영원한 건 없다. 우리는 늘 사라지는 것들에 관해 생각해야 한다. 내가 가진 젊음과 미모에 지나친 자부심을 품는 건 위험하다. 그게 사라진 후 어떻게 할 것인가?

감정

 감정은 수도꼭지와 같다. 너무 콸콸 틀어놓으면 감정에 초토화되거나 제압될 수 있다. 감정의 흐름이 너무 거세기 때문이다. 그렇다고 아예 꺼버리면 필요한 물을 얻을 수 없다. 수용은 수도꼭지를 조절하고 감정의 흐름을 관리할 수 있게 도와준다. 수용의 첫 단계는 감정을 허락하는 것이다. 감정에 완전히 마음을 열고 있는 그대로 직시하면 잘 이용할 수 있다.

감정 기복이 심한 사람

 감정 기복이 심한 사람은 야생 멧돼지다.

감정의 흉터

 신체는 칼 같은 날카로운 것에 베이면 자동으로 원래 표피보다 강하고 두꺼운 조직, 즉 흉터를 만든다. 흉터의 목적은 보호막이나 보호 외피를 형성하는 것이며 동시에 다른 상처를 입지 않도록 막는 자연스러운 것이다. 감정상에도 이런 흉터가 있을 수 있다.

감정의 쓰레기통

'정신에 낀 때에 육체 활동만큼 잘 듣는 이태리타월도 없다'는 박총 작가의 말처럼 달리기는 잠들어 있던 몸을 일으켰고 숨죽여 있던 마음도 깨워냈다. 여기저기 끼어 있던 나태함, 안이함, 무기력이라는 때를 벗겨주었다. 그렇게 깨어난 몸과 마음으로 열정적으로 사랑할 수 있었고 살아갈 수 있었고 나아가고 있다. 이거면 충분하지 않은가? 나에게 실천하는 삶과 사유하는 삶을 연결해주는 그 고리가 달리기다.

오세진의 저서 『달리기가 나에게 알려준 것들』에 나오는 내용이다.

강의

"강의는 생각하기 위한 수단이다."
관점디자이너 박용후가 한 말이다.

걱정

걱정은 무언가를 하기는 귀찮고 가만히 있자니 마음이 찜찜할 때 하는 심심풀이 땅콩이다. 게으른 사람들의 유희다. 걱정하는 이유는 걱정하는 것이 걱정거리를 없애기 위해 뭔가 하는 것보다 유리하기 때문이다. 걱정이란 무엇일까? 왜 걱정할까? 걱정하면 어떤 도움이 될까? 내가 생각하는 걱정은 흔들의자와 같다. 뭔가를 하는 것 같지만 사실 아무것도 하지 않기 때문이다.

게으름

"게으름은 쇠붙이의 녹과 같다. 노동보다도 더 심신을

소모한다."

미국 정치인 벤저민 프랭클린Benjamin Franklin이 한 말이다.

결혼 생활

"결혼 생활은 크레페케이크가 아닐까 생각한다. 부부 그리고 아이들과 함께하는 경험들로 우리만의 가족 케이크를 만들게 된다."

글사세* 멤버인 김미인이 한 말이다.

결혼과 사랑

"사랑은 달콤한 꿈이고 결혼은 그 꿈을 깨게 하는 자명종이다."

아일랜드를 배경으로 한 영화 〈윤년Leap year〉에 나오는 말이다.

---

* '글 쓰는 사람이 세상을 바꾼다'라는 이름의 글쓰기 모임이다.

결혼은 적분, 이혼은 미분

"결혼이 조금씩 쌓여가는 적분이라면 이혼은 가장 작은 것까지 나누어야 하는 미분이다. 공정해지기 위해 서로의 물건을 나누다 보면 결국 모든 게 나누어진다. 함께 공유하던 시간이나 추억, 영혼까지도 말이다. 이혼은 사랑했던 마음도 가장 작게 나누어져 마침내 사라지는 미분의 세계다. 중요한 건 서로가 온전히 독립된 존재로 잘 나누어지는 것이다."

소설가 백영옥이 한 말이다.

경영

"경영은 비행기를 날게 하면서 동시에 비행기를 수리하는 일과 같다."

닌텐도의 4대 사장을 역임한 고 이와타 사토루岩田聰가 한 말이다.

경제학자

"경제학자는 어제 예언한 것이 오늘 왜 실현되지 않았는지 내일 알아내는 전문가다."

컬럼비아대학교 로런스 피터Laurence J. Peter 교수가 한 말이다.

고객의 말

고객의 말은 문제지와 같다. 시험장에서 문제지를 볼 때 딴 생각을 하는가? 문제지를 제대로 안 봤는데 해답을 제대로 내놓을 수 있는가? 고객의 말에는 요구사항은 물론 그들을 설득할 수 있는 요소가 다 들어 있다.

고전

"고전은 시간을 초월한 일타강사다."

메리츠화재 김용범 부회장이 한 말이다.

고통

고통은 새가 날아오르는 데 필요한 공기 저항과 같다. 저항이 없는 진공 속에서 새는 날지 못한다. 바람의 저항을 받아야 비상할 수 있다. 때로는 강풍에 밀리기도 한다. 그래도 새는 멈추지 않는다. 그 무거운 비행기가 뜰 수 있는 것도 사실 공기 저항 때문이다. 인간이 성장할 수 있는 것도 고통이란 저항 덕분이다.

"고통은 감추어진 은총이다. 근데 왜 보지 못할까? 어둠에 묻혀 있기 때문이다."

산마루교회의 이주연 목사가 한 말이다.

골프의 핸디캡

"골프의 핸디캡은 바퀴벌레와 같다. 실력은 언젠가는 나오기 때문이다."

골프 실력도 그렇다. 전반에 잘 쳤으면 후반에 꼭 무너졌다. 그런 나를 보면서 이 말이 진리라는 걸 새삼 깨닫는다.

공감

공감은 남의 신발을 신고 걸어보는 것이다.

심리적 산소와 같다. 상사와 대화 후에 가슴이 답답한가, 아니면 가슴이 시원한가?

공무원의 월급

"공무원의 월급은 백성의 살과 기름이다."

중국 드라마 〈판관 포청천〉에 나오는 말이다.

공부

공부는 지적 호흡이다.

공평과 채식주의자

"내가 선하기 때문에 세상이 내게 공평할 것이라고 생

각하는 것은 내가 채식주의자이기 때문에 황소가 덤벼들지 않을 것이라고 기대하는 것과 같다."

미국 정치 프로 진행자이자 베스트셀러 저자인 데니스 홀리Dennis Wholey가 한 말이다.

과거, 현재, 미래

"과거는 타버린 재이고 미래는 나무다. 현재만이 타오르는 불꽃이다."

에스키모 속담이다. 과거는 부도수표이고 미래는 약속어음이다. 그렇다면 현재는? 손에 쥔 현금이다.

과도한 상속세

과도한 상속세는 황금알을 얻겠다고 황금 거위를 잡는 것이다.

관세와 농사지원금의 관계

도널드 트럼프Donald Trump의 관세 정책으로 농가가 어려워지자 미국 정부는 12억 달러를 농가에 지원하기로 결정했다. 그러자 언론은 이렇게 말했다. "두 발을 잘라 놓고, 그들에게 황금 목발을 선물하는 것과 같다." 기막힌 비유가 아닐 수 없다.

광고

광고는 사람들에게 필요하지 않은 것을 사게 하려고 설득하는 기술이다.

광신자

광신자는 백 기어가 망가진 사람이다. 앞으로는 가지만 뒤로 갈 줄은 모르는 사람이다.

교만

교만하고 싶어서 교만해지는 것이 아니라 교만해지는 것을 방치했기 때문에 교만해지는 것이다. 그런 면에서 교만은 잡초와 같다. 비계와 같다. 저절로 자라나 나를 망친다.

교수의 의무

"교수의 의무는 학생들로 하여금 과목에 흥미를 느끼게 하는 것이다."

우리에게 『정의란 무엇인가』의 저자로 잘 알려져 있는 미국 정치철학자인 마이클 샌델Michael Sandel 교수가 한 말이다.

교육

미래로 들어가는 여권이다. 오늘 여권을 미리 준비한 사람만이 미래를 즐길 수 있다.

교육과 영혼

"교육과 영혼은 조각품과 대리석의 관계와 같다."

영국의 정치가이자 작가인 조지프 애디슨Joseph Addison이 한 말이다.

교회와 교인

"교회는 주유소, 교인은 자동차, 주일은 서론, 평일은 본론이다. 주유소에서 기름을 채운 차가 성실하게 달린다면 세상 보는 눈이 달라질 것이다."

큰나무교회 임종수 목사가 한 말이다.

구들방과 땅콩 볶기

"구들방 효과는 땅콩 볶는 것에 비유된다. 땅콩을 바로 볶으면 탄다. 땅콩을 모래 속에 넣고 모래를 가열하면 원적외선이 나온다. 땅콩껍데기는 타지 않고 뜨거워진 모래에서 방출되는 원적외선을 통해 땅콩 속이 익는 것이다. 뜨끈한 구들방에 누워 있으면 돌에서 방사된 원적외선으로 인해 사람 몸이 따뜻해지니까 치유 효과가 있는 것이다.

구들방의 핵심은 축열이다. 따뜻함이 오래 유지되는 것이 가장 중요하다. 그래서 화산지대에서 나오는 현무암이 좋다."

칼럼니스트 조용헌이 한 말이다.

국내시장과 해외시장

국내시장은 바닥에 발이 닿는 낮은 풀장이고, 해외시장은 바다다. 수영을 마음껏 할 수 있다. 현대미술 작가 권혁이 한 말이다.

국회

반대를 잘하는 사람들이 모여 있는 곳이다. 누가 더 반대를 잘하는지를 경연하는 곳이다. 국회를 뜻하는 영어 콩그레스Congress에서 콘con은 반대란 의미다.

관계

사람 간 관계는 길과 같다. 자꾸 다녀야 한다. 다니지 않거나 발길이 끊기면 잡초만 우거진다.

권력

"권력은 난로와 같다. 가까이 가면 화상을 입고 너무 멀리 떨어지면 춥다."

소설가 이병주가 한 말이다. 권력은 히말라야 정상과 같다. 오르기는 무척 힘들고 위험하다. 그러나 힘이 달리는 하산 과정이 훨씬 더 위험하다. 권좌는 오르기도 어렵지만 내려가기가 훨씬 더 어렵다.

"권력은 최고의 최음제다." 가는 곳마다 여자들에게 인기가 있던 키신저가 한 여기자에게 한 말이다. 권력과 돈 주변에는 이를 원하는 미인들이 꼬이게 마련이다.

규제
규제는 모래주머니를 차고 달리는 것이다.

균형 잡힌 삶
균형 잡힌 삶은 다리가 여러 개 달린 의자다.

글쓰기
"개념을 글로 표현하는 건 창에 서린 성에를 닦아내는

작업과 비슷하다. 흐릿하고 모호했던 개념이 글을 쓰면서 서서히 윤곽을 드러내기 시작한다. 어떤 글이든 메모든 편지든 베이비시터에게 전하는 쪽지든 무언가를 쓰면서 우리는 진정으로 자신이 무엇을 말하고자 하는지 비로소 깨닫는다."

예일대학교 브랜퍼드 칼리지 학장으로 재직하며 논픽션 글쓰기를 가르쳤던 윌리엄 진서William Zinsser가 한 말이다.

글쓰기는 내면에 햇빛을 비추는 일이다.

글쓰기 연습은 근육 단련과 같다. 열심히 써보고 사색하는 사람에게는 글쓰기 근육이 생긴다.

글쓰기는 피를 잉크로 만드는 일과 같다.

책을 읽지 않고 글을 쓰겠다는 건 쌀 없이 밥을 짓겠다는 것과 같다.

"글을 쓰다 보면 내가 무엇을 알고 무엇을 모르는지가 명확히 드러난다. 그래서 나는 무언가를 제대로 알고 싶을 때 글을 쓴다. 집필 과정에서 나 또한 배워간다. 글을 쓰고 나면 학생들에게 내가 새롭게 이해한 부분에 관해 설명해주고 싶어 몸이 근질거린다."

예일대학교 물리학과 R. 샹커R. Shankar 교수가 한 말이다.

글쓰기와 골다공증

"글쓰기는 장난감 만들기와 비슷하다. 먼저 구조가 필요하다. 블록으로 만든 로봇 장난감에 머리, 몸통, 다리가 있듯이 글도 어느 정도 구조가 있으면 좋다. 그러면 글에 논리가 생긴다. 논리가 있는 글은 자신은 물론 타인에게 읽힌다. 그런데 논리가 없다면 제아무리 좋은 미사여구를 가져다 놓아도 좋은 글이 될 수 없다.

책쓰기 코치인 송숙희 작가는 이런 논리가 없는 글을 두고 마치 골다공증에 걸린 뼈와 같다고 했다. 논리에 여기저기 구멍이 숭숭 나 있는 셈이다. 그래서 이런 글은 전달하려는 생각도 모호하고 읽히지도 않는다."

글사세 멤버인 박재성이 한 말이다.

급하게 일하기

급하게 일하는 것은 조립되지 않은 자동차를 몰고 나가는 것과 같다.

기쁨

"기쁨은 가면을 벗은 슬픔이다. 웃음이 샘솟는 바로 그 우물은 종종 눈물로 가득 찬다. 슬픔이 깊이 파고들수록 우리 안에 더 많은 기쁨을 담을 수 있다."

레바논 작가 칼릴 지브란Kahlil Gibran이 한 말이다.

기상학자

날씨를 예측하는 대신 날씨를 중계하는 사람. 그렇게 요란을 떨던 태풍 솔릭은 그냥 지나가고 별말 없던 비로 수해를 입자 사람들이 하는 말이다.

기억

"읽은 내용을 하나도 잊지 않으려 하는 것은 먹은 음식을 몸속에 고스란히 간직하려는 것과 같다."

독일 철학자 아르투어 쇼펜하우어Arthur Schopenhauer가 한 말이다.

기업

기업은 사과나무와 같다. 뿌리는 조직문화, 줄기는 관리자, 가지는 직원이고 열매는 가지에 열린다. 직원을 통해 성과가 창출되는 것이다. 기업의 발전을 위해서는 우선 뿌리가 튼튼해야 한다.

기축통화국

기축통화국은 마이너스 통장을 한도 없이 쓸 수 있는 국가다.

나이와 통행금지

"나이 칠십에도 어떤 직위에 있는 것은 통행금지 시간이 되었는데도 쉬지 않고 밤길을 다니는 것과 같아서 그 허물이 작지 않다. 우리나라 모든 조직에는 정년제가 행해지고 있는데 정치인과 스님들만 예외다."

법정 스님이 한 말이다.

낙관주의

낙관주의는 적포도주와 같다. 하루 한 잔은 좋지만 하루 한 병은 해로울 수 있다. 과도한 낙관주의는 과도한 비관주의처럼 건강뿐만 아니라 당신 삶을 위협할 수 있다.

낮잠

"낮잠은 사막의 오아시스다."

가정의학과 전문의 이동환 원장이 저서 『피로세포』에서 한 말이다.

노력 없이 성공을 기대하는 것

"남다른 노력도 기울이지 않고 남다른 보람을 기다리는 사람은 훔쳐 온 플라스틱 꽃나무에 나비가 날아오기를 기다리는 사람과 같다."

작가 이외수가 한 말이다.

노화

"노화는 장애물 경기와 같다. 갈수록 높아지고 간격이 좁아지고 결국 넘어진다."

데이비드 A. 싱클레어David A. Sinclair, PhD와 매슈 D. 러플랜트Matthew D. LaPlante의 공저 『노화의 종말』에 나오는 말이다.

논쟁 좋아하는 사람을 골탕 먹이는 법

논쟁 좋아하는 사람을 골탕 먹이는 법은 무조건 동의하는 것이다.

논쟁과 사진 인화

"논쟁은 사진의 인화 과정과 비슷하다. 논쟁을 통해 점차 이미지가 명확해지면서 좀 더 올바른 결정을 내릴 수 있다."

인텔의 CEO를 역임한 앤드루 S. 그로브Andrew S. Grove의 저서 『편집광만이 살아남는다』에 나오는 말이다.

뇌물

'대변에 향수 뿌리기이다.'

뇌물을 받은 것이 확실했고 그래서 구속됐던 모 정치인이 다양한 방식으로 자신이 무죄라는 걸 설명하려 하자 언론이 거기에 반박하면서 잡은 헤드 타이틀이다. 대변에 향수를 뿌려봐야 소용없다는 말이다.

뇌 화상

뇌가 입은 화상이다. 나쁜 기억은 몇 년 동안 기억의 수면 아래 도사리고 있을 수 있다. 이런 현상을 뇌 화상brain burn이라고 부른다. 뇌 과학자이자 하버드대학교 의과대학 교수인 에드워드 할로웰Edward Hallowell 박사의 주장이다.

난처하거나 불쾌한 상황을 경험하면 심리적 격변이 일

어나면서 심장이 쿵쾅거리거나 호흡이 가빠오는 등 생리적 반응이 일어나고 격렬한 감정의 홍수가 일어난다. 이렇게 분노와 두려움과 슬픔이 무례함의 피해자 또는 목격자에게 한꺼번에 밀려들면 몸과 마음 모두에 상처를 남기게 된다. 아드레날린이 온몸에 솟구치면서 뇌를 태워 구멍을 내기 때문이다. 지워지지 않는 문신을 뇌에 새기는 셈이다.

이런 압도적인 감정들은 문신으로 남아 절대로 지워지지 않는다. 가해자 또는 그 사건이 발생한 장소를 슬쩍 보기만 해도 그 감정들이 생생하게 되살아난다.

뇌에서 어떤 일이 일어나고 있을까

내가 생각하는 뇌는 블랙박스다. 입력과 출력 사이에서 어떤 일이 일어나는지 알기 어렵다. 술을 제조하는 공정과 유사하다. 주조의 핵심은 발효공정이다. 이는 사람이 하는 것이 아니라 효모에 의해 이루어진다.

좋은 술을 위해서는 원재료, 환경, 온도 모두 중요하다. 하지만 발효공정 과정이 제대로 진행되지 않으면 부패와 산화로 술 대신 식초가 생긴다. 머릿속에서 발효되기를 기다려라. 내적 프로세스는 분석할 수 없고 알기도 어렵다. 기다려도 아무것도 나오지 않으면 그것으로 끝이다. 무의식 아래의 능력을 키워라. 책을 읽을 때 노트 따위는 하지 말고 죽죽 읽어가라. 의식하면서 책을 읽지 말고 멍하니 페이지를 넘기기만 해라.

일본에서 지知의 거장으로 불리는 다치바나 다카시立花 隆의 저서 『지식의 단련법』에 나오는 내용이다.

눈치

"눈치의 반대말은 편안함이다."

고기리막국수의 김윤정 대표가 한 말이다.

늙어가는 부모님을 보는 것

 늙어가는 부모님을 보는 것은 큰 얼음 조각이 녹아내리는 걸 보는 것과 비슷하다.

대중의 비난

대중의 비난은 저명인사가 내야 할 세금이다

대화

대화는 탁구와 같다. 주고받아야 대화다. 근데 마이크를 잡으면 놓지 않는 사람이 있다. 남이야 관심이 있건 없건, 남이야 듣건 말건 혼자서 신나서 온갖 얘기를 한다. 참으로 답답한 노릇이다. 반대로 자기 얘기는 절대 하지 않는 사람이 있다. 조용히 앉아만 있다. 늘 뭔가를 숨기고 있다는 느낌이 든다.

둘 다 대화치다. 그런 사람과 앉아 있으면 맥이 풀린다. 탁구처럼 대화의 본질은 주고받는 것이다. 볼을 넘길 때 넘기고 받을 때 받아야 한다.

대화와 독백

대화는 둘이 하는 테니스와 같고 독백은 벽을 보고 치는 스쿼시와 같다.

데드라인

데드라인은 도미노다. 하나가 미뤄지면 줄줄이 다 미뤄진다.

도파민

도파민은 두뇌의 저장 단추와 같다. 도파민이 있으면 잘 기억할 수 있고 재미를 느낄 수 있다. 도파민은 새로운 관계가 형성될 때 촉발된다. 게임에서 다음 단계에 올라갈 때도 생긴다. 뭔가 새롭고 흥분되는 걸 배울 때도 분비된다. 도파민을 늘리는 방법은 간단하다. 정보를 새롭고 흥분되게 만들면 된다. 새로운 방식으로 정보를 제공하든지, 익숙한 정보를 익숙하지 않은 방식으로 전달하든지.

독서

독서는 여행이다. 책을 읽지 않는 사람은 여행하지 않는 사람이다. 자기 동네를 떠난 적이 없고 자기 동네가 세상 전부라고 착각하며 사는 사람이다.

"날씨와 같다. 새롭고 다양한 책을 보면 그 시간은 마치 하루하루 변화무쌍한 날씨를 보는 것과 같다."

영남대학교 박홍규 교수와 출판인 겸 작가인 박시원의

공저 『내내 읽다 늙었습니다』에 나오는 말이다.

독서와 글쓰기

독서는 지식을 소비하는 것이고 글쓰기를 하는 순간 지식의 생산자가 된다.

독서와 소화

"책을 많이 읽어도 그걸 소화해 자기 것으로 만들지 않으면 나귀가 책을 등에 지고 있는 것과 같다. 그게 무슨 의미가 있는가? 책을 통해 무엇을 얻을 수 있는가? 질문을 얻을 수 있다. 질문을 한다는 건 그 작가의 주장을 충분히 이해한 뒤 자기 생각을 융합하여 새롭게 쌓아 올리는 과정이다."

철학자 김형석이 한 말이다.

독서와 유튜브

독서는 내가 먹는 것이고 유튜브는 남이 먹여주는 것이다.

돈

"돈은 현악기와 같다. 제대로 쓸 줄 모르면 불협화음만 낼 뿐이다."

버크셔 해서웨이의 찰리 멍거Charles Munger 부회장이 한 말이다.

돈은 비타민과 같다. 비타민은 꼭 필요하지만 많다고 좋은 건 아니다. 비타민 C가 좋다고 하루에 50알을 먹을 필요는 없다. 하지만 부족하면 문제가 생긴다. 돈이 딱 그렇다. 없으면 곤란하지만 많다고 더 행복한 건 아니다.

"돈은 번역기와 같다. 농부의 노동을 이발사의 노동으

로, 의사와 기술자의 노동으로 번역해준다. 돈은 상호 의존하는 사회 구성원들 간에 교류의 끈을 견고히 묶고 교환을 활성화한다. 돈은 교환에 있어 시간과 공간을 확장한다. 돈은 타인의 노력과 시간의 축적이다."

캐나다의 미디어학자 마샬 맥루한Herbert Marshall McLuhan이 한 말이다.

돈은 차에 든 기름과 같다. 신경쓰지 않으면 도로 한복판에 멈추어 서는 신세가 될 수 있다. 하지만 늘 주유소를 돌아다니면서 기름을 넣는 것이 성공은 아니다. 잘사는 삶도 아니다. 돈은 하고 싶은 일을 자유롭게 하기 위한 수단이지 목적은 아니다. 근데 요즘은 돈 그 자체를 목적으로 생각하는 사람들이 많다.

돈은 구두와 같다. 구두는 크거나 화려하다고 좋은 것이 아니다. 자기 발의 치수와 신분, 취향에 맞아야 한다. 돈도 마찬가지다. 많이 축적했거나 원하는 것을 얻었다고 좋은 것은 아니다. 자신이 관리할 수 있는 적정 수준에 맞아야 한다. 자칫하면 돈에 눌려 피곤한 인생을 살게 된다. 감옥을 들락거리는 기업인을 볼 때 드는 생각이다.

동면

동면冬眠. 작은 죽음이다. 모든 것을 수용하고 복종하는 것이다.

두려움

"두려움은 엔진의 공회전과 같다. 뭔가 하는 것 같지만 실은 아무것도 하지 않는다. 엔진만 손상시킬 뿐이다."

메리츠화재 김용범 부회장이 한 말이다.

두부와 콩

"두부가 콩보다 싸다."

원유가격은 오르는 데 전기세를 동결하자 답답해진 한전 사장이 한 말이다.

뒷담화

"뒷담화는 담배에서 나오는 연기와 같다. 그것은 흡연자의 나쁜 취향 외에 다른 것이 아니다."

영국 소설가 조지 엘리엇George Eliot이 한 말이다.

땀

땀은 지방이 흘리는 눈물이다. 지방이 눈물을 흘리지 않으면 뱃살이 나오게 마련이다.

라곰

라곰lagom은 부족하지도 넘치지도 않게 딱 적당하다는 말이다. 스웨덴 사람들이 좋아하는 말이다. 우리의 중용과 비슷한 개념이다.

리부팅

리부팅rebooting은 옷장 정리다. 일단 안 입는 옷을 버리고 새 옷으로 채우는 것이다.

링크와 슬롯머신

"자극적인 헤드라인이나 흥미로운 링크를 누르는 것은 슬롯머신의 손잡이를 당기는 일과 같다."

조지타운대학교 컴퓨터공학과의 칼 뉴포트Cal Newport 교수의 저서 『디지털 미니멀리즘』에 나오는 말이다.

마약상

마약상은 바퀴벌레와 같다. 죽이고 죽여도 계속 나온다.

마차와 고속도로

코닥은 새로운 기술을 개발해 놓고도 이용하는 데 실패했다. 왜? 기술과 데이터를 더욱 기민하고 효율적으로 사용하는 운영 방법이 없었기 때문이다. 기술과 데이터를 이용하면서 오래된 경영기법을 적용하는 건 말과 마차를 몰고 고속도로를 달리는 것과 같다.

만남

"만남은 눈뜸이다."
법정 스님이 한 말이다.

만성통증

"만성통증은 볼륨을 한껏 높인 자명종을 귀에 테이프로 고정하고 볼륨을 낮출 수 없게 해놓은 것이다."
하버드대학교 법대 석지영 교수가 한 말이다.

말

"사람은 모두 입 안에 도끼를 가지고 태어난다. 어리석은 사람은 말을 함부로 하여 그 도끼로 자신을 찍고 만다."

법정 스님이 한 말이다. 말은 입 안에 든 도끼다. 중요한 건 그것을 가지고 무엇을 하느냐. 현명한 사람은 그 도끼로 나무를 찍어 가구를 만들지만 미련한 사람은 그 도끼로 자신을 찍어 몹쓸 사람으로 만든다.

말은 생각을 담는 그릇이다. 사상과 감정을 표현하는 소리인 동시에 부호다. 말은 자기 인격을 담는 도구다.

말하기와 글쓰기

말하기는 걷기와 비슷하고 글쓰기는 달리기와 비슷하다. 훈련하지 않은 사람은 10킬로미터를 달릴 수 없다. 글쓰기도 그렇다. 연습하지 않으면 힘들다.

면역

"면역은 최고의 의사이며 최고의 치료법이다."

서양 의학의 아버지 히포크라테스Hippocrates가 한 말이다.

면역은 내 몸 안의 파수把守꾼이다.

명문고를 없애는 것

"명문고를 없애는 건 마치 태릉선수촌을 없애는 것과 같다. 다른 나라들은 한결같이 국가를 대표하는 명문대를 만들려고 애쓰는데 우리는 있는 명문대마저 없애려고 혈안이 되어 있다. 그렇게 평준화에 자신이 있다면 왜 전 세계 지도자들이 모인 자리에서 세계의 명문대를 없애고 평준화 정책을 채택하자고 정식으로 제안하지 못하는지 이해할 수 없다."

울산과학기술원 이면우 교수가 한 말이다.

명상

명상은 세탁기 속에서 나와 세탁하는 과정을 지켜보는 일이다.

명성

"명성은 마약과 같다. 명성을 얻고 싶은 욕망은 정신적 마약과 같다. 명성은 창조적 작업의 결과물이기도 하지만 동시에 핵폐기물처럼 매우 위험한 부산물이다. 명성을 쟁취하고 유지하려는 욕망은 일이 제대로 진행되고 있는지에 관해서가 아니라 남들에게 어떻게 보이는지를 집착하게 만든다."

예술가 줄리아 캐머런Julia Cameron이 한 말이다.

"명성은 돈과 권력의 그림자다. 돈과 권력을 쥐면 명성이 따라온다."

『파워 엘리트』의 저자 라이트 밀스Wright C. Mills가 한 말이다.

명예

명예는 사회의 공기이니 끝없이 취하지 말라.

명함 없이 산다는 것

대한민국에서 명함 없이 산다는 건 어떤 것일까? 특히 한때 잘나갔고 멋진 명함을 가졌던 사람에겐 어떤 일일까? 폼나는 명품 브랜드에서 지하상가의 시장 물건 혹은 매대의 세일 상품으로 전락해버린 느낌이 아닐까?

몸

옛사람의 채용 기준인 신언서판身言書判에서 왜 신이 가장 먼저 나왔을까? 몸이 바로 그 사람이 누군지를 드러내기 때문이다. 몸은 그 사람의 전부다. 몸이 곧 그 사람이다. 몸은 이력서다. 그 사람의 생각과 습관과 어떻게 살아왔는지를 고스란히 보여준다.

몸은 집주인이고 마음은 세입자다. 근데 반대로 생각하는 사람이 많다. 세입자가 집주인을 구박하고 주인 행세를 하는 것이다.

"몸은 신전이다. 한 손에는 기름진 치즈버거를 다른 손에는 밀크셰이크를 들고 간다? 당신의 신전에 무엇을 투입하는가?"
데이비드 A. 싱클레어와 매슈 D. 러플랜트 공저 『노화의 종말』에 나오는 말이다.

몸과 얼굴
몸과 얼굴은 걸어 다니는 자기소개서다.

무관심
무관심은 마음의 사망이다.

무료함

욕망이 사라진 것. 하고 싶은 것도 먹고 싶은 것도 없어지는 상태다. 바쁜 와중에 의도적으로 시간을 내는 한가함과는 다르다. 근데 왜 무료할까? 아이들은 무료하지 않다. 무료하면 노인이 연상된다.

내가 생각하는 무료함은 욕망해야 할 걸 욕망하지 않을 때 나타나는 현상이다. 공부하는 즐거움이 대표적이다. 뭔가를 공부하는 사람, 책에서 재미를 느끼는 사람, 쓸 게 있는 사람은 절대 무료하지 않다. 욕망에는 두 종류가 있다. 노력하지 않아도 얻게 되는 욕망과 노력해야 얻을 수 있는 욕망이 그것이다. 무료함은 후천적 욕망이 사라진 결과다. 노력해야 얻을 수 있는 욕망을 욕망하지 않았기 때문에 일어나는 현상이다. 방법은 지적 호기심을 갖는 것이다. 공부하는 즐거움을 알면 해결할 수 있다.

무의식

무의식은 자동 온도조절기와 같다. 무의식이 믿음을 만들고 믿음대로 살아간다. 만약 돈을 죄악시하는 믿음이 있다면 돈이 들어오는 순간 온도조절기가 더 이상 돈이 들어오는 걸 막을 것이다. 그렇기 때문에 자신의 무의식과 믿음을 점검해야 한다. 온도조절기를 바꿔야 변화를 줄 수 있다.

미국 자기계발 강사 맥스웰 몰츠Maxwell Maltz의 저서 『맥스웰 몰츠 성공의 법칙』에 나오는 내용이다.

문제

문제는 아이스크림과 같다. 자꾸 핥아먹지 않으면 엉망이 된다.

문학

"문학은 나의 방부제다. 누구보다 자유롭게 살았다. 도꼬다이로 살았다. 고독한 길에서 누리는 놀라운 자유가 작가의 행복이다."

소설가 박범신이 한 말이다.

물과 기름 섞기

유럽연합 의장은 협상을 타결시켰다. 그리스의 알렉시스 치프라스Alexis Tsipras 총리와 독일 앙겔라 메르켈Angela Dorothea Merkel 총리를 한 방에 집어넣고 협상이 되기 전에는 방에서 나올 수 없다고 밀어붙였고 결국 타결을 끌어냈다. 사람들은 그를 '물과 기름을 섞은 사람'이라고 한다.

미간

눈썹 사이의 공간을 말한다. 행운이 들어오는 문이라고

부른다. 이곳에 내 천川이 있으면 행운이 들어올 수 없다.

미래학

미래학은 불안감을 판매하는 학문이다.

미루기

미루기는 스스로 수갑 채우기다.

미션

미션은 가족사진과 같다. 그 안에 내가 빠진 것은 가족사진이 아니다. 남이 만든 미션으로는 사람을 움직일 수 없다.

미움

"미움은 사랑하는 마음이 타고 남은 재다."
영국의 탐험가 월터 롤리 경Sir Walter Raleigh이 한 말이다.

"미움은 마음의 흙탕물인데 시간만이 해결할 수 있다."
글사세 멤버인 유지윤이 한 말이다.

미움은 10킬로그램짜리 아령을 주머니에 넣고 출근하는 것과 같다. 무시할 수 없다. 늘 무겁고 걸을 때마다 힘이 들고 소리도 난다. 의자에 앉을 때도 불편하다. 에너지를 갉아먹는다.
미국에서 멘토이자 코치로 활동하는 제임스 아서 레이James Arthur Ray의 저서 『조화로운 부』에 나오는 내용이다.

민족주의

"민족주의는 유아기에 걸리는 홍역이다."

역사상 가장 위대한 이론물리학자로 알려진 알베르트 아인슈타인Albert Einstein이 한 말이다.

바람과 풀

위정자는 바람이고 백성은 풀이다. 풀은 혼자 힘으로 누울 수 없다. 바람이 부는 방향으로 눕게 되어 있다.

박사학위

박사학위는 운전면허증이다. 운전면허증은 지금부터는 혼자 운전해도 괜찮다는 증명서와 같다. 장롱면허는 면허증은 있지만 연습을 안 한 사람을 뜻한다. 박사학위가 그렇다. 학위는 면허증처럼 지금부터는 혼자 힘으로 공부를 할 수 있다는 자격증의 의미다. 하지만 대부분은 학위를 공부의 끝으로 생각한다. 학위를 따는 순간 공부와는 담을 쌓은 사람들이 지천이다. 운전면허를 딴 후 운전하지 않는 장롱면허와 같다.

베르누이의 원리

베르누이의 원리는 바늘구멍으로 황소바람이 들어오는 것이다.

벤처캐피털과 스타트업의 관계

벤처캐피털과 스타트업의 관계는 우주선 발사와 비슷하다. 우주선을 발사하려면 미사일과 우주선을 중력 궤도 밖으로 날려 보낼 에너지가 필요하다. 우주선에 자본이라는 연료를 제공하는 것이 벤처캐피털이다.

변화

변화는 손잡이가 안에 있는 문이다. 자신이 열지 않으면 절대 열리지 않는다. 밖에서는 절대 열 수 없고 안에서만 열 수 있다.

담배를 끊으라고, 운동을 하라고, 다른 사람 얘기 좀 들으라고 아무리 잔소리를 해도 절대 바뀌지 않는 사람들이 있다. 특히 배우자가 그와 관련해 고민을 많이 털어놓는다. 고민 중 많은 것이 바로 저 사람을 어떻게 하면 바꿀 수 있느냐는 것이다.

내 대답은 명확하다. 쉽게 바꿀 수 없으니 쓸데없는 곳에 힘쓰지 말고 당신이나 잘살라는 것이다.

도마뱀은 위기에 처했을 때 스스로 꼬리를 자르고 도망친다. 이를 자절自絶이라고 한다. 스스로 자른다는 뜻이다. 만약 다른 사람이 도와서 꼬리를 자르면 새로운 꼬리가 나오지 않는다고 한다. 변화는 이처럼 스스로 필요성을 느낄 때 가능하다. 남이 조금 도와줄 수는 있어도 결국 자신이 열지 않으면 절대 문 밖으로 나올 수 없다. 현재 당신을 둘러싸고 있는 껍질은 무엇인가? 어떤 잔소리를 가장 많이 듣고 있는가?

변화는 파도와 같다. 근데 파도와 싸울 수는 없다. 방법은 파도를 활용해 서핑하는 것이다. 레이싱 대신 서핑을 해야 한다.

변화를 위한 방화범

헉! 이게 무슨 말? 최근 만난 사람 중 내 마음에 불을 지른 사람이 있는가? 회사에 이런 사람이 있는가? 영감을 불어넣고, 내가 하는 일에 새로운 의미를 부여하고, 다른 시각으로 볼 수 있게 해주는 사람. 난 이런 사람을 방화범이라고 부른다. 대부분은 방화범보다는 소화기로 불 끄는 사람이 많다. 불 끄는 직원은 많아도 불 지르는 직원은 찾기 어렵다. 뛰어난 조직일수록 방화범을 길러야 한다.

변화와 화학반응

변화는 화학반응과 비슷하다. 우선 반응을 일으키는 다양한 물질이 필요하다. 반응을 시작시키는 개시제, 반응을 촉진하는 촉매제, 반응이 너무 뜨거울 때 열을 식히는 콘덴서가 필요하다. 물질을 담는 용기와 열이나 압력을 가하는 장치도 필요하다. 대부분 반응은 비가역적이다. 물질이 바뀐 후 원래대로 돌아가기 힘들다.

사람의 변화도 비슷하다. 혼자만의 힘으로는 반응하기 어렵다. 다양한 사람들과 섞이고 자극을 받고 자신도 자극을 주어야 한다. 근데 중요한 게 하나 있다. 반응하려면 ~OH, ~COO와 같은 반응기가 있어야 하는데 그게 없는 무기물질 같은 사람은 변하기 어렵다. 아니, 불가능하다. 쉬운 말로 변화에 대한 강력한 갈망이 있어야 한다. 이를 위해 뭔가 남다른 노력을 꾸준히 해야 한다. 세상에서 가장 어리석은 사람은 '똑같은 행동을 하면서 다른 결과를 기대하는' 사람이다.

본질

본질은 씨앗과 같다. 쉽게 변하지 않는다. 동시에 다양성을 내포한다. 본질을 통해 미래를 찾을 수 있다. 공자孔子는 '군자무본君子務本, 본립이도생本立而道生'이라고 했다. 근본을 세우는 데 힘을 쓰면 저절로 길이 생긴다는 말이다.

본질 파악

본질 파악은 미끄러운 물고기를 손으로 잡는 것과 같다.

부

"부는 소금물과 같다. 많이 마실수록 더 목이 마른다. 명예도 마찬가지다."

독일 철학자 아르투르 쇼펜하우어Arthur Schopenhauer가 한 말이다.

부끄러움

부끄러움은 바닥이다. 부끄러움이 없는 사람은 바닥을 드러낸 사람이다.

부당한 비평

부당한 비평은 위장된 찬사다. 타인으로부터 질투와 선망을 받고 있기 때문이다.

부부 싸움과 권투 시합

"부부 싸움은 권투 시합과 같다. 규칙에 따라 정당한 대결을 해야 한다. 권투는 링 안에서만 해야 한다. 현실은 다르다. 1라운드가 끝낼 때마다 친정으로 달려가고, 시집으로 달려가 게임 경과를 알리고 코치를 받는다. 때로는 코치끼리 싸움이 붙으면서 사태는 끝을 향해 간다."

비교종교학자 오강남 교수가 한 말이다.

부정적 태도

부정적 태도는 바람 빠진 타이어와 같다. 바람이 빠져도 차는 갈 수 있다. 하지만 사는 게 쉽지 않고 오래 갈 수도 없다. 부정적인 태도를 보이고도 살 수는 있다. 근데 잘살기는 힘들다.

부지런함과 삼가함

부지런함은 값이 없는 보배이고 삼가함은 몸을 보호하는 부적이다.

『명심보감』에 나오는 문장 근위무가지보勤爲無價之寶 신시호신지부愼是護身之符이다.

부채

오늘의 부채는 내일의 세금이다. 영국의 경제학자 데이비드 리카도David Ricardo의 등가성의 법칙이다.

북한

"북한은 눌린 용수철이다."
미국의 투자가 짐 로저스Jim Rogers가 한 말이다.

분노

분노는 멋진 순간을 훔쳐 가는 도둑이다. 분노하는 시간은 지옥에 있는 시간이다. 반면 웃는 순간은 신과 함께한 시간이다. 웃을 수 있다는 것은 그만큼 자신의 삶을 객관적으로 관조할 수 있다는 것이다. 분노는 반사회적 수감자와 같다. 이게 무슨 소리일까? 뉴욕대학교 의과대학 존 사노John E. Sarno 교수가 쓴 『통증혁명』의 한 대목을 소개한다.

"허리나 목에 극심한 통증이 있어 병원에 갔는데 이유를 알 수 없는 경우가 종종 있다. 많은 경우 분노를 억제했기 때문이다. 억압된 분노가 근육의 통증을 일으킨 것이다. 이를 긴장성 근육통 증후군이라고 부른다. 분노나 불안의 감정은 반사회적 수감자들과 같다. 무의식은 반사회적 수감자들을 가두는 교도소와 같다. 수감자들은 철통같은 감시를 받지만 언제든 탈출을 꿈꾼다. 인간은 부정적 감정을 억압하는데 억압된 감정이 몸을 통해 표출되는 것이 통증이다. 훌륭한 위장술이다. 통증은 대부분 감정과 관련이 있다."

한마디로 불쾌한 감정을 피하기 위해 통증을 일으켜 주의를 엉뚱한 곳으로 돌린다는 것이다.

분노로 꽉 찬 사람은 가스통을 짊어지고 다니는 사람이다. 언제 터질지 모른다. 분노는 분뇨다. 처리방식에 따라 냄새가 나기도 하고 향기가 되기도 한다. 똥을 아무 데서나 쌀 수 없듯이 분노 역시 장소를 가려서 처리해야 한다.

불가, 도가, 유가

"불가는 백화점과 같다. 수많은 물건이 진열되어 있다. 구경하다 물건을 사도 좋고, 안 사도 되지만 백화점을 필요로 한다. 도가는 약방과 같다. 병이 나지 않으면 안 가도

되지만 병이 나면 안 갈 수 없다. 도가에는 병가, 종횡가, 천문, 지리가 모두 포함돼 있다. 유가는 양곡 가게와 같다. 공맹극장은 공자와 맹자의 책을 읽는 걸 뜻하는 것 같습니다."

대만의 석학 남회근이 한 말이다.

불만

"불만은 불연소된 욕심의 찌꺼기다. 성냥개비 한 개만 한 능력으로 대궐만 한 집을 지으려 드는 사람들이 많이 가지고 있는 감정이다. 『성경』 말씀인 '범사에 감사하라.'의 진의를 못마땅하게 여기는 감정이다. 가열되면 증오로 변하거나 배반으로 변한다. 그러나 불만이 없으면 개선도 없다."

작가 이외수가 한 말이다.

불안

"불안은 자유의 현기증이다."

덴마크의 철학자 쇠렌 키르케고르Søren Aabye Kierkegaard가 한 말이다. 자유를 위해서는 불안이라는 대가를 치러야 한다.

불행

"불행은 행복이라는 이름의 나무 밑에 드리워져 있는 나무 크기의 그늘이다. 인간이 불행한 이유는 그늘을 생각하지 않기 때문이다."

작가 이외수의 저서 『감성사전』에 나오는 말이다.

비용

"비용은 손톱과 같다. 가만 놔두면 계속 자란다. 그렇기 때문에 주기적으로 잘라내야 한다."

미국의 투자가 레이 달리오Ray Dalio가 한 말이다.

비판

"비판은 바람이다. 이마를 시원하게 식히기도 하고 눅눅한 곳을 건조시키기도 해 나쁜 균의 번식을 억제한다."

독일 철학자 프리드리히 니체Friedrich Nietzsche가 한 말이다.

비행기

라이트 형제Wright Brothers는 비행기를 '날개 달린 자전거'로 봤다. 자전거가 균형을 잡지 못하면 넘어지듯 상공에서 비행기가 균형을 잡지 못하면 추락하게 된다고 판단했다. 그들은 상공에서의 이런 균형 문제를 해결하기 위해 새가 나는 모습을 관찰했고 결국 비행기 개발에 성공했다.

사람의 마음

사람의 마음은 깊은 우물 같다. 그 아래 무엇이 있는지 아무도 모른다. 할 수 있는 건 가끔 표면에 떠오르는 걸 통해 상상할 뿐이다.

일본 소설가 무라카미 하루키村上春樹가 한 말이다.

사랑

사랑은 수프와 같다. 맨 처음 먹을 때는 굉장히 뜨겁지만 그다음부터는 점점 식어간다.

사랑은 택시와 같다. 버스는 기다리면 오지만 택시는 내가 잡아야만 선다. 비가 오나 눈이 오는 날에는 더욱더 기다리게 된다. 내릴 때는 반드시 탄 것만큼 대가를 지불해야 하고 탄 시간이 길면 길수록 더욱 많은 대가를 지불해야 한다.

"사랑은 우주를 단 한 사람으로 축소하고 한 사람을 신으로 확대하는 것이다."
프랑스 작가 빅토르 위고 Victor Hugo가 한 말이다.

사랑은 돈과 같다. 충분한 양을 갖고 있으면 그것에 대해 별 신경을 쓰지 않는다. 그러나 일정 기간 공급이 중지되면 다른 일에 대해 생각할 여유가 없어진다.

"사랑은 바람과 같다. 보이지는 않지만 느낄 수는 있다."

미국 소설가 니콜라스 스파크스Nicholas Sparks가 쓴 소설 『워크 투 리멤버』에 나오는 말이다.

"준 것만큼 받으려 한다면 그건 사랑이 아니라 거래다."
영화 〈자귀모〉에 나오는 말이다.

사랑은 무엇으로 완성되는가? 희생이다.

사랑과 자명종
사랑은 끊임없는 환상인데 그 환상은 결혼으로 치유된다. 사랑은 달콤한 꿈이고 결혼은 그 꿈을 깨게 하는 자명종이다.

사법제도
현대판 과거제도다. 과거 지식을 누가 더 잘 외우는지를 일정한 장소, 일정한 시간에 모여 겨루는 것이다. 외우는 건 잘하지만 그렇다고 그가 반드시 일을 잘하는 건 아니다. 새로운 지식을 만들어내는 것과는 무관하다. 미래지향적이기보다는 과거지향적이다.

상대성이론

미녀와의 한 시간은 1분으로 느껴지고 난로 위에 손을 올려놓으면 1분이 한 시간으로 느껴지는 것.

생각과 경험의 관계

"생각과 경험의 관계는 산책을 하는 개와 주인의 관계와 비슷하다. 생각에 따라 경험하기도 하고 경험이 생각을 끌어내기도 한다. 현재의 경험이 미래의 생각으로 정리되고 그 생각의 결과로 다시 움직이게 된다."

소설가 김영하의 『여행의 이유』에 나오는 말이다.

생산성 올리기

생산성 올리기는 슬로푸드 같다. 하루아침에 올라가지 않는다. 기술혁신과 생산성 향상 간에 시차가 있다. 점진적 혁신의 효과는 누적적이다. 모일수록 커다란 성과를 낸다. 생산성은 대부분 최초의 급진적 혁신보다는 후속으로 일어나는 점진적 혁신에 의해 창출된다. 기술의 씨앗에 물을 주고 가꾸는 노력은 파괴적이거나 요란하지 않다. 철로를 연철에서 강철로 바꾸는 것, 열차와 열차를 연결하는 자동연결기의 발명, 증기선의 보일러 용량을 높이는 것 등이 그렇다.

경영 컨설턴트 김은환의 저서 『산업혁명의 숨은 주역들』에 나오는 내용이다.

석복

"석복惜福은 복을 아낀다는 뜻이다. 현재 누리고 있는 복을 소중히 여겨 더욱 자신을 낮추고 검소하게 생활하여

복을 오래 누리는 것을 말한다. 옛사람들은 이 말을 사랑했다. 아껴 둔 복을 저축해 두었다 함께 나눴다."

한양대학교 국문학과 정민 교수가 한 말이다.

성장

"성장은 내 삶을 정진하는 과정에서 자연스럽게 얻게 되는 생활근육이다. 뱃사공 아저씨는 평생 헬스클럽에 간 적이 없지만 멋진 근육이 있다. 그게 생활근육이다. 매일 일을 하면 내 안에 근육이 남는다. 이 생활근육이 성장의 지표다. 내가 삶에 꾸준히 적응한 결과가 성장이라는 생활근육으로 올라오는 것이다."

마인드 마이너 송길영의 저서 『그냥 하지 말라』에 나오는 말이다.

성장하지 않는 사람

성장하지 않는 사람은 인간 분재다. 공부하지 않고 늘 제자리에 머물고 매일 하는 일을 반복만 하는 사람 중에 많다.

성찰과 건강검진

"성찰은 건강검진과 같다. 건강검진은 과거를 후회하는 것이 아니라 미래에도 건강하게 살기 위해 받는 것이다. 정확한 진단과 그 결과를 바탕으로 한 처방이다. 과잉은 줄이고 결핍은 채워서 균형을 이루어야 한다. 성찰은 반성을 넘어 완성을 향하는 것이다."

HR 전문가 최윤희의 저서 『모든 것은 태도에서 결정된다』에 나오는 말이다.

소리

"소리는 파동이다. 플라스틱 칸막이를 사이에 두고 얘기하면 불편한 이유다. 파동이 칸막이에 막혀 제대로 전달되지 않기 때문이다. 누가 이를 발견했을까? 레오나르도 다 빈치Leonardo da Vinci가 망치로 종 치는 모습을 보고 유추해낸 개념이다. 소리는 눈에 보이지 않는다. 그렇다면 소리는 어떻게 전해지는 것일까? 다 빈치는 여기에서 호수 표면을 돌로 때릴 때 수면의 움직임을 떠올렸다. 망치로 때리는 소리 역시 호수 면처럼 파동으로 전해진다고 추론한 것이다."

숭실대학교 경영학과 김근배 교수의 저서 『끌리는 컨셉의 비밀』에 나오는 말이다.

소설과 언덕길 오르기

"소설의 마지막 부분은 자동차 사이드 브레이크를 힘껏 당긴 채 언덕길을 오르는 것 같다. 울트라 마라톤 뒷부분과 비슷하다. 글쓰기도 그렇다. 생각해서 쓰는 게 아니다. 쓰면서 생각한다. 생각한 것을 쓰는 것이 아니라 쓰면서 생각하는 것이다."

일본 소설가 무라카미 하루키가 한 말이다.

소재

소재는 기화가거奇貨可居다. 당장 쓸 수는 없지만 훗날을 위해 잘 간직해야 한다. 소재 개발에는 시간과 비용이 많이 들지만 미리 개발해두지 않으면 돌이킬 수 없는 후회를 할 수 있다.

소통

소통은 주파수 맞추기다.

수면 부족 상태

수면 부족 상태는 낮은 온도로 냄비 물을 끓이는 것과 같다. 숙면하면 높은 온도로 짧은 시간에 냄비 물을 끓일 수 있다.

존 피치John Fitch와 맥스 프렌젤Max Frenzel의 공저 『이토록 멋진 휴식』에 나오는 말이다.

수행

수행은 마음의 저항계수를 제로로 만드는 작업이다.

스마트폰

스마트폰은 움직이는 강제노동수용소다. 자발적으로 거기에 갇힌다. 스마트폰은 포르노폰Pornophone이다. 우리는 자발적으로 발가벗는다. 그렇게 스마트폰은 움직이는 고해소告解所의 기능을 한다.

베를린예술대학교 한병철 교수의 저서 『사물의 소멸』에 나오는 내용이다.

스위스 나이프
스위스 나이프는 한 가지 일이 아니라 여러 가지 일을 두루두루 잘하는 사람이다.

스쳐 지나가는 인연
스쳐 지나가는 인연은 손가락 사이로 빠져나가는 모래다.

스프레차투라
스프레차투라sprezzatura. 어려운 일을 힘들이지 않고 쉽게 한 것처럼 보이게 하는 능력이다. 쉽게 핸드폰을 조작하고, 운전은 한 손으로만 하고, 느긋하게 담배를 피우지만 떨어뜨리지 않는다. 머리카락에 젤을 바르지만 끈적끈적하게 보이지 않는다. 여유 있고 억지스럽지 않게 편하게 행동하는 것은 결코 쉬운 일이 아니다.

슬럼프

슬럼프는 내 마음속 꾀병이다. 실제 병이 아니고 하기 싫을 때 만들어내는 게으름이다. 게을러서 하기 싫은 걸 멋지게 포장한 단어가 슬럼프다. 그렇다면 극복 방법은? 벌떡 일어나 그 일을 하는 것이다. 책을 읽건, 운동을 하건, 전화를 하건…… 그 일을 하면 사라진다.

습관

습관은 밧줄과 같다. 처음에는 실처럼 가늘었지만 행동을 반복하면 밧줄처럼 굵어진다. 우리는 날마다 습관이란 밧줄을 튼튼하게 꼬고 있다. 그렇게 만들어진 습관은 너무 굵어 끊을 수 없다.

승자

승자는 티백과 같다. 뜨거운 물에 들어가기 전까지는 그의 진정한 힘을 알 수 없다.

시간

시간은 타자와의 관계다.

"시간은 목숨이다."
법정 스님이 한 말이다.

"시간은 돈이다."
벤저민 프랭클린이 한 말이다. 이게 무슨 말인가? 단순히 시간을 아끼라는 말이 아니다. 타이밍을 중시하라는 말이다. 예전에는 시간 개념이 없었다. 지금의 시간은 산업화 시대의 작품이다. 산업화 시대가 되면서 서로 간의 협력이 중요해졌고 그 핵심이 바로 시간 약속이다. 시간은 협력의 나침반인 셈이다.

신기술

신기술은 인큐베이터의 미숙아처럼 연약하다. 잘 보살피지 않으면 죽는다.

신뢰

신뢰는 담보물이다. 담보가 있어야 돈을 빌려주듯 신뢰가 있어야 그 사람 말을 믿을 수 있고 그 사람과 일을 할 수 있다.

신뢰는 접합제이고 한 조직을 굴러가게 하는 윤활유다.

신문, 주간지, 월간지, 단행본

신문은 생선회, 주간지는 건어물, 월간지는 통조림, 단행본은 포와 같다.

신문과 목욕

"좋아하는 신문을 읽는 것은 따뜻하고 기분 좋은 목욕을 즐기는 것과 같다."

캐나다의 미디어 전문가이자 문화 비평가인 마셜 맥루한Marshall McLuhan이 한 말이다.

나는 신문 읽는 것을 좋아한다. 오전 식사를 마치고 커피 한잔하면서 신문을 볼 때 행복감을 느낀다. 뭔가 세상과 접하고 있다는 느낌도 들고 나 자신이 우아해진 생각도 든다. 그래서 집에서 일간신문 두 개, 경제신문 한 개,

주간지 두 개를 본다. 그것도 모자라 헬스장에서는 스포츠 신문을 보고 비행기를 타면 못 본 나머지 일간신문을 읽는다. 신문이 없는 일요일 오전은 뭔가 허전하고 아쉽다는 생각을 떨칠 수 없다. 난 신문 중독이다.

신문의 만화

"신문을 보니 창문 없는 집 같았다. 그래서 만화라는 창문을 냈다."

만화가 김성환 화백이 한 말이다.

실패

"실패는 비즈니스에 늘 따라다니는 그림자다. 없을 수 없는 존재다. 실패 없이 성공도 없다. 실패는 부끄러운 일도, 불명예스러운 일도 아니다. 무엇보다 자신의 잘못을 직시하여 무엇을 잘못했는지 따져보고 실패로부터 배워

지금 해야 할 일을 이루는 것이 중요하다. 근데 조건이 있다. 실패를 해도 회복 불가능할 정도로 해서는 안 된다."

유니클로의 야나이 다다시_{柳井正} 회장이 한 말이다.

썰매 없는 썰매개

다시 태어난다면 정말 자유롭게 살고 싶다. 아무런 짐도 없이 무책임한 삶을 살고 싶다. 나 혼자도 힘겨운데 처자식에 늙은 부모에 이런저런 책임으로 늘 어깨가 무겁다는 생각을 많이 했다. 그러다 문득 다음 글을 읽고 생각을 고쳐먹었다. 캐나다 토론토대학교 심리학과 조던 피터슨 Jordan Bernt Peterson 교수의 『질서 너머』의 일부를 인용한다.

"행복은 인생의 진정한 목표가 될 수 없다. 사람들이 싫어하는 책임이 삶에 의미를 부여한다. 그 의미가 고통을 가치 있게 만든다. 남들이 책임을 방치한 곳에 기회가 숨어 있다. 책임지지 않은 삶은 썰매 없는 썰매개에 비유할 수 있다. 썰매 없는 썰매개는 자기 다리를 물어뜯는다. 지루하기 때문이다. 짊어질 짐이 없는 보통 사람은 스스로를 먹어치운다. 진정한 자존감은 짊어진 책임에 비례해 커진다. 힘들고 어려워도 의미 있고 가치 있는 일에 자신을 던질 수 있어야 한다. 편한 일만 찾고 희생을 두려워하면 영원히 어른아이로 남는다. 목적 없는 절망적 삶에서 벗어나는 최선의 방법은 스스로 책임을 짊어지는 진정한 어른이 되는 것이다."

'책임지지 않는 삶이란 썰매 없는 썰매개'란 표현이 확 와닿았다. 책임 때문에 힘든 게 아니라 책임 덕분에 삶에 의미가 생긴다는 것이다. 짐 때문에 힘든 게 아니라 짐 덕분에 인간 구실을 하게 된다는 말이다.

아이들

"아이들은 조개와 같다. 평소에는 딱딱한 껍데기를 꽉 닫고 있지만 속은 더없이 연약하고 상처받기 쉽다. 예기치 않게 껍데기를 열 때가 있는데 그 순간 함께 자리에 있지 않으면 아이들은 달에 있는 것과 같다. 아이들이 원하는 것은 시간이다. 가장 중요한 것은 아이들과 무언가를 함께 하는 것이다. 아이들과 시간을 보내기 위해서는 희생을 감수해야 한다."

미국 노동부 장관을 역임한 로버트 라이시Robert Reich가 한 말이다.

아이디어

아이디어는 길과 같다. 사람들의 아이디어를 자꾸 진화 발전시켜야 길이 만들어진다. 혼자만 알고 있는 아이디어는 아이디어로 그칠 가능성이 크다. 만약 새로 발견된 오솔길의 통행권을 최초 발견자가 독점한다면 큰길은 절대 생겨나지 않을 것이다.

아이스브레이킹

아이스브레이킹은 비빔밥에 참기름 넣기다. 그게 없이 밥을 비비기는 쉽지 않다. 참기름을 넣으면 밥을 잘 비빌 수 있고 맛도 좋다. 하지만 너무 많으면 안 된다.

아침 일기

아침 일기는 정신을 닦아주는 와이퍼다. 현재 처한 상황을 정확히 파악하는 데 도움이 된다. 정신없이 날뛰는 생각을 종이 위에 붙들어놓기 위한 최선의 방법이다.

"혼란한 생각들(모호한 생각, 초조함, 집착)을 일기에 적기만 해도 좀 더 맑은 눈으로 하루를 시작할 수 있다. 생산성을 위해 일기를 쓰는 게 아니라 오직 나만을 위해 일기를 쓴다. 결과보다 과정이 중요한데 아침 글쓰기가 바로 그렇다."

『아티스트 웨이』의 저자 줄리아 캐머런Julia Cameron이 한 말이다.

아침을 거른다는 것

"아침을 거르고 일을 하는 것은 '배터리 잔량이 한 칸만 남은 스마트폰'으로 점심때까지 버티는 것과 같다. 머리가 가장 맑은 오전 중에 뇌를 충분히 활용하지 못하는 것만큼 큰 손해는 없다. 근데 아무거나 먹으면 안 된다. 무엇을 먹느냐에 따라 신체 능력과 회복력이 완전히 달라진다."

스탠퍼드대학교 스포츠의학센터 디렉터이자 애슬레틱 트레이너 야마다 도모山田 知生의 저서 『스탠퍼드식 최고의 피로회복법』에 나오는 말이다.

야망

"야망은 강철의 탄소 함유량과 비슷하다. 탄소량이 너무 많으면 부러지기 쉽고 탄소량이 너무 적으면 무르게 된다. 일정한 견고함이 없으면 자신이 착수한 일을 성취하지 못한다."

미국 정치인 드와이트 아이젠하워Dwight David Eisenhower가 한 말이다.

약속

약속은 어음 발행과 같다. 지금 당장은 아니지만 언젠가 현금을 지불해야만 한다.

양심

양심은 잠을 편히 자게 만드는 편안한 베개다.

어리석음

어리석음은 독특한 병이다. 보통 병은 다 본인이 아프다. 그런데 이 병만은 본인은 아프지 않고 주변사람이 그 병으로 인해 고생한다.

어휘력과 물감

풍부한 어휘력을 갖췄다면 한 수 위인 사람으로 평가받

을 수 있다. 적절한 단어를 적절한 자리에서 구사할 줄 아는 사람과 구사할 줄 모르는 사람, 어느 쪽 능력이 더 좋을까? 어휘력 단련은 그래서 중요하다.

풍부한 어휘를 익히는 것은 다양한 색깔의 물감으로 그림을 그리는 것과 같다. 8색 물감으로 그린 그림과 200색의 물감으로 그린 그림, 어느 쪽이 색채가 풍부하고 아름다울까? 대박, 우와, 대단해, 진짜? 같은 말만 사용하는 사람은 8색 물감밖에 갖고 있지 못한 사람이다. 200색 물감을 가진 사람은 다양한 표현으로 상대를 움직일 수 있다. 어휘가 풍부해지면 보이는 세상이 달라진다. 인생 자체가 즐거워진다.

일본 메이지대학교 문학부 사이토 다카시齊藤孝 교수의 저서 『어휘력이 교양이다』에 나오는 내용이다.

언어

언어는 날개다. 언어가 없으면 날 수 없다. 자유롭기 위해선 언어로 무장해 날아야 한다.

섬세한 언어는 정신을 진전시키는 정교한 쇄빙선이다. 자신의 세계를 확장하고 싶다면 다른 세계를 가진 사람을 만나야 하고 그 만남에는 섬세한 언어가 필수다. 언어라는 쇄빙선을 잘 운용할 수 있다면 물리적인 의미의 세계는 불변하더라도 자신이 체험하는 우주는 확장할 수 있다. 그 과정 전체에 대해 메타적 이해마저 더한다면 그 우주는 입체적으로 변할 것이다.

언어는 생각을 담는 그릇이다. 사상과 감정을 표현하는 소리인 동시에 부호다.

언어는 자신의 인격을 담는 도구다.

"언어는 존재의 집이다."
독일 철학자 마르틴 하이데거 Martin Heidegger가 한 말이다.

"언어는 공기다. 너무 익숙해서 늘 쓰는 말속에 숨겨진 불편한 진실에 우리는 종종 무심하다. 언어는 습관이다. 잘못된 습관임을 알게 됐다면 적극적으로 고쳐야 한다."
옥스퍼드대학교 동양학부 조지은 교수가 한 말이다.

언어는 자동차 핸들과 같다. 왼쪽으로 돌리면 왼쪽으로 가고 오른쪽으로 돌리면 오른쪽으로 간다.

언어는 마술이다. 어떤 언어를 사용하는지에 따라 삶이 달라지기 때문이다.

언言은 내가 하는 말이고 어語는 상대가 하는 말이다. 『시경』에서는 있는 그대로 말하는 것을 언이라고 했고 어렵게 논의하는 말을 어라고 했다. 주례에서는 스스로 하는 말을 언이라고 했고 물음에 답하는 말은 어라고 했다. 훈민정음 해례를 보면 그 차이를 알 수 있다. "나랏말 쏨[語, 대화 용어]이 중국과 달라 문자로써 소통이 잘 안 된다. 그래서 백성이 자기 말[言]을 하고 싶어도 잘 하지 못한다."

경희대학교 경영대학원 이동규 교수의 저서 『생각의 차이가 일류를 만든다』에 나오는 내용이다.

언어의 해상도

"해상도가 좋은 카메라로 사물을 찍으면 사진 이미지가 선명하다. 해상도가 높은 글을 읽으면 무엇을 설명하는지 개념이 분명하다."

일본의 철학 연구가, 윤리학자, 무도가인 우치다 다츠루 內田樹 교수의 저서 『어떤 글이 살아남는가: 우치다 다쓰루의 혼을 담는 글쓰기 강의』에 나오는 말이다.

얼굴

얼굴은 삶의 대차대조표다. 좋은 이미지는 성공 뒤에 오는 것이 아니라 성공보다 앞서 온다. 좋은 생각을 하면 좋은 이미지가 만들어지고 성공은 좇아온다. 좋은 인상은 하루아침에 만들어지지 않는다. 마음을 잘 다스리면 오랜 세월에 걸쳐 그것이 얼굴로 전해지는 것이다.

얼굴은 감정을 표현하는 캔버스다. 인간의 얼굴은 마음의 간판이고 정직한 생활기록부와 같다. 얼굴만큼 많은 정보를 포함한 것은 별로 없다. 얼굴은 그 사람이 무슨 생각을 하면서 살아왔는지, 현재 무슨 생각을 하고 있는지를 잘 보여준다. 법정 스님이나 김수환 추기경의 얼굴은 그 자체로 예술이다. 하루아침에 만들어진 작품이 아니다.

"얼굴이란 안의 것이 밖으로 뛰쳐나와 만들어지는 것이다. 얼굴보다 그 사람의 속마음을 잘 보여주는 것은 없다. 그러니 좋은 생각을 많이 하고 좋은 감정을 많이 키워라. 일종의 정서적 운동이다. 기쁨은 가장 좋은 화장품이요 마음의 영양제다. 보통 사람이 할 수 있는 창조적 행위 중 하나는 자기 얼굴을 아름답게 만들어가는 일이다."

변화 경영 전문가 구본형이 한 말이다.

업

"업은 내 인생의 바탕화면이다."

경희대학교 경영대학원 이동규 교수가 한 말이다.

엉뚱한 행동

엉뚱한 행동은 자갈밭에서 자전거를 타고 신문을 읽는 듯한 행동이다. 왼쪽 깜빡이를 켜고 갑자기 오른쪽으로 도는 행동이다.

액셀과 브레이크

교감신경은 액셀이고 부교감신경은 브레이크다. 일만 하고 쉬질 않는 건 브레이크가 고장난 차와 같다. 반대로 액셀을 밟을 줄 모르고 늘 서 있는 차는 차로서 역할을 못 하는 것이다. 둘 다 문제가 있다. 가장 중요한 건 갈 때는 잘 가고 쉴 때는 잘 쉬는 것이다. 교감신경과 부교감신경이 그것이다. 현대인은 부교감신경에 문제가 있는 사람들이 많다. 쉬고 싶은데 쉴 수 없는 것이다. 자고 싶은데 잠이 오질 않는 것이다.

여론

정치와 경영은 여론의 공간에서 이루어진다. 홍보, 언론, 여론 게임의 중요성은 날로 높아진다. 그러나 이것은 위험을 내포한다. 많은 전문가가 지적하듯이 다수 혹은 대중이 그렇게 생각한다고 해서 그 생각이 옳은 것은 아니다.

체코 소설가 마리 폰 에프너에셴바흐Marie von Ebner-Eschenbach는 "여론은 여러 생각 중의 창녀다."라고까지 말하며 여론을 비하하고 있다. 집단이나 과장된 인기에 치우치는 것은 높은 기대 수준보다는 평범함을 촉발한다.

여행

소설가 김영하가 『여행의 이유』에서 밝힌 내용이다.

그는 베이징대학교 기숙사에 갔던 경험이 있다. 당시 그는 중국을 중공으로 생각했고 중국은 미국을 싫어할 것으로 예상했는데 결과는 아주 달랐다. 마오쩌둥의 초상화 대신 대형 미국 지도가 걸려 있었다. 그들의 꿈도 미국 유학이라는 것이다. 자본주의의 원조인 미국을 미워하는 게 아니라 동경하고 있었던 것이다. 그 사건으로 그는 운동권 생활을 접고 대학원에 입학했고 친구는 대기업에 취직하면서 인생이 바뀌었다.

그에게 그 여행은 주식 투자자의 손절매 같은 것이었다. 오랫동안 믿었던 믿음을 손절매하고 새로운 삶을 살게 된 것이다.

여행하지 않는 사람

"여행하지 않는 사람은 책의 한 페이지만 계속 보는 사람과 같다."

4세기의 신학자이자 철학자 아우구스티누스Aurelius Augustinus가 한 말이다.

한 권의 책만 본 사람은 그 한 권이 세상 전부라고 생각한다. 여행을 가보지 않은 사람일수록 선입관과 고정관념으로 가득 차 있다. 그래서 이야기를 나누다 보면 답답함이 느껴진다. 책을 많이 읽고 여행을 많이 다닌 사람은 생각이 자유롭고 이해의 폭이 넓다. 다양함을 쉽게 받아들인다.

역사를 읽는 것

역사를 읽는 것은 스포츠 경기의 녹화방송을 보는 것과 비슷하다. 이미 승패를 알고 원인에 대한 분석까지 나온 상태다. 반면 생중계를 보는 건 전혀 다르다. 시합이 끝날 때까지 누구도 승패를 장담壯談할 수 없다. 결과를 알고 보면 인과관계가 보이지만 결과가 나오기 전까지는 무엇이

결정적 요인일지 가늠조차 어렵다.

 경영 컨설턴트 김은환의 저서『산업혁명의 숨은 주역들』에 나오는 내용이다.

열정

"열정은 반죽을 부풀게 하는 효모다."

 인재교육기관인 LMI의 설립자 폴 마이어 Paul J. Meyer가 한 말이다.

 열정은 번개탄이다. 번개탄은 이름처럼 번개처럼 불이 붙었다 번개처럼 꺼진다. 수명이 너무 짧기 때문에 그 자체로는 별 쓸모가 없다. 번개탄의 목적은 연탄에 불을 붙이는 것이기 때문이다. 열정도 그렇다. 무언가에 끌린다고 그걸 무조건 열정으로 생각하면 곤란하다. 순간의 끌림일 수 있다.

영적 보청기

〈두 교황〉이란 영화가 있다. 실제 두 교황 사이에 있었던 일화를 소재로 만든 영화다. 참 가슴 따뜻한 영화다. 이 영화 속에 '영적 보청기'란 말이 나온다. 하느님이 하는 말을 들은 적이 없는 사람, 분명 그분이 내게 뭐라고 말했지만 내 귀가 나빠 듣지 못하는 사람에게 필요한 게 영적 보청기란 말이다. 확 느낌이 왔다. 혹시 내게 영적 보청기가 필요한 건 아닐까?

표만을 쫓는 정치인, 돈만을 추구하는 장사꾼, 돈이 된다면 무슨 일이라도 불사할 각오가 돼 있는 사람들, 자신을 제외한 모든 사람은 자신을 위해 존재한다고 생각하는 교만한 사람들, 자식이야 힘들든지 말든지 내 몸만 중요하다고 생각하는 노인들……. 모두 영혼이 정지한 사람들이다. 영혼의 불이 꺼지고 정전이 된 사람들이다. 난 이를 영적 치매에 걸린 사람이라고 부른다. 그들의 꺼진 심장을 되살릴 수 있을까? 만약 그런 기술이 있다면 마음의 심폐 소생술이라고 부르고 싶다.

영향력

"영향력은 예금과 같다. 적게 쓰면 쓸수록 그만큼 많아진다."

앤드루 영Andrew Young이 한 말이다.

인기가 있다고 각종 드라마, 광고 등에 출연하는 탤런트가 있다. 그 사람 입장에서는 메뚜기도 한철이니까 벌 수 있을 때 화끈하게 벌자는 생각에서 한 일일 것이다. 하지만 사람들은 금세 질려 한다. 영향력이 있다고 마구 쓰면 어느새 사라져버린다. 그게 세상 이치다.

오르가슴

오르가슴은 두뇌의 유산소 운동이다. 통증과 쾌락이 연결되어 있다.

외국어

"외국어를 배운다는 건 다른 세계에 접속하는 열쇠다. 외국어를 배워야 자기가 구사하는 언어만큼 생각한다는 말을 실감하게 된다. 한문을 모르면 짐승들끼리 인지상정이라며 서로를 위로하게 된다. 설득도 중요하지만 설득당하는 것도 중요하다."

서울대학교 정치외교학부 김영민 교수가 한 말이다.

외로움

외로움은 대출과 같다. 대출이 필요 없는 사람에게는 대출 좀 하라고 애원하고 정작 필요한 사람은 외면한다. 인기인에게는 과도한 애정과 관심을 보내고 정말 외로운 사람에게는 말도 걸지 않는다. 생일을 기억해주는 사람도, 설날에 떡국 먹자는 사람도 없다. 유감스럽게도 빈익빈 부익부는 재화뿐만 아니라 외로움의 분배에도 적용된다. 아주 그냥 제대로 몰아준다.

에세이스트 성수선의 저서 『혼자인 내가 혼자인 너에게』에 다음과 같은 내용이 나온다.

외국에는 없는데 우리나라에는 있는 부서가 바로 여성가족부다. 그만큼 여성이, 가족이 중요하다는 생각에서 만들었을 것이다. 영국에는 외로움을 전담으로 하는 '고독부'란 게 있다는 말을 들었다. 그만큼 외로움이 현대인의 질병이 된 것이다. 주변에 외로움을 호소하는 사람이 많다. 자식들이 오지 않는다, 내가 죽어도 아무도 나를 찾지 않을 것 같다, 얘기를 나눌 사람이 마땅치 않다 등등. 난 그 말을 들으면 외로움을 없애기 위해 어떤 노력을 했는지 묻는다. 대부분 별다른 노력을 하지 않고 창밖만 보는 것 같다. 외로운가? 그럼 여러분이 먼저 손을 내밀어보라. 만나자고 하고, 카톡으로 스타벅스 쿠폰도 보내고, 보고 싶다고 연락하라.

외톨이

외톨이는 낙동강 오리알이고 외딴 백사장에 처박힌 콜라병이다.

욕망

욕망은 구멍이 숭숭 뚫린 항아리다. 아무리 물을 부어도 채울 수 없다.

용서

"용서는 제비꽃이 자기를 밟아 뭉갠 발꿈치에 남기는 향기다."

미국 소설가 마크 트웨인Mark Twain이 한 말이다.

용서는 최고의 복수다. 내가 일본을 용서하자고 주장하는 이유다. 용서한다는 건 그 사람이 지은 죄를 잊겠다는 의미가 아니다. "네가 그렇게 나쁜 짓을 하고 나를 괴롭혔지만. 봐라. 내가 이렇게 잘살고 있지 않으냐. 나를 보라는 의미다." 그야말로 가진 자의 폼나는 유세다. 돈을 주겠다고 해도 떳떳하게 그깟 돈 필요 없다는 자존감이다.

우울증
우울증은 마음의 감기다.

운
운은 화투의 뒷장이 잘 붙는 것이다.

운동
운동은 정신의 때를 벗기는 이태리타월이다. 운동하지 않으면 정신의 때가 두껍게 낄 수 있다. 난 아침마다 헬스장에서 정신의 때를 벗긴다.

운동은 큰 비용 없이 나를 지켜주는 보험이다.

웃음

웃음은 외부의 침입으로부터 나를 지켜주는 부적이다.

슈퍼마켓을 털다 잡힌 강도들을 대상으로 설문조사를 했다. 들어가긴 했는데 막상 털 수 없었던 경우가 있었는지라는 질문에 95%의 강도는 "종업원이 눈을 맞추며 인사할 때 양심상 위협할 수 없었다."라고 답했다. 반면 별생각이 없었는데 상해를 입히고 살인까지 저지른 경우는 언제인지라는 질문에는 "손님이 나를 아는 체도 하지 않고 웃지도 않을 때였다."라고 답했다. 강도를 당할 때조차도 미소는 이렇게 큰 역할을 한다. 상대에게 보내는 미소 한 방이 사람을 죽일 수도 있고 살릴 수도 있다.

웃음은 똥배와 같다. 한번 나오기 시작하면 멈출 수 없다.

위대해진다는 것

"위대해진다는 것은 오해를 받는다는 뜻이다."

19세기 미국의 철학자이자 시인 랄프 왈도 에머슨_{Ralph Waldo Emerson}이 한 말이다.

위로

"위로는 설탕과 같다. 일시적 마사지일 수 있다. 따뜻한 속임수일 수 있다. 그럴듯하지만 사실 문제 해결에 도움이 되지 않는다."

한국학중앙연구원 한형조 교수가 한 말이다.

위로는 티라미슈와 같다. 먹을 때는 달콤하지만 그게 주식이 될 수는 없다. 너무 많이 먹으면 속이 부대낀다. 위로를 받는다고 달라지는 건 없다. 위로는 위로일 뿐이다.

윗사람

윗사람은 짧은 치마를 입고 높은 곳에 서 있는 존재다. 본인은 모르지만 아랫사람들은 치마 속에 무얼 입고 있는지 다 볼 수 있다. 윗사람은 단지 높은 자리에 오른 사람이 아니다. 다 보이는 자리에 선 사람이다. 어디서든 다 보인다. 아랫사람들은 보이는 대로 다 보고 알대로 다 안다. 그중 일부만 말하고 나머지는 침묵할 따름이다. 아랫사람들을 두려워해야 하는 이유다.

유머

유머는 지성의 리트머스 시험지다.

"유머는 충격을 줄여주는 스프링이다. 유머 감각이 없는 사람은 스프링 없는 마차와 같다. 길 위의 모든 조약돌을 지날 때마다 삐걱거린다."

19세기 미국의 사회개혁가이자 설교가 헨리 워드 비처 Henry Ward Beecher가 한 말이다.

유명세

유명세는 불꽃과 같다. 아름답게 반짝이지만 손에 쥐기 힘들고 자칫하면 모두를 태워버릴 수 있다.

은퇴

"나 때문에 미국에 흑인 실업자가 한 사람 더 늘었다."

미국 농구 선수 찰스 바클리Charles Barkley가 은퇴를 앞두고 가진 인터뷰에서 한 말이다. 나로 인해 실업자가 한 명 더 늘어나는 것이다.

음반과 스트리밍

음반과 스트리밍은 일품요리와 뷔페다.

음식과 인간의 관계

"음식과 인간의 관계는 기름과 등불의 관계와 같다. 기름이 많으면 등불은 밝아진다. 기름이 적으면 불은 꺼진다. 그러나 기름이 지나치게 많아도 불은 꺼지는 법이다."

영국의 미생물학자 알렉산더 플레밍Alexander Fleming이 한 말이다.

음식문맹

음식문맹은 음식에 대한 지식이나 이해가 부족한 사람을 일컫는 말이다. 사실 음식만큼 중요한 건 없다. 우리가 먹는 게 바로 우리를 만든다.

음주운전

음주운전은 술을 먹고 저지르는 살인 행위다.

의견 충돌

의견 충돌은 비소와 같다. 비소는 소량 사용하면 건강에 도움이 되지만 남용하면 생명을 위태롭게 한다.

의사결정

의사결정은 외과 수술과 같다. 수술하지 않기로 결정하는 것처럼 아무런 결정을 하지 않는 것도 좋은 의사 결정이다.

"저는 항상 주식에 투자하지는 않습니다. 어떨 때는 몇 달 혹은 1년 이상 주식 근처에도 가지 않습니다. 주식에 투자하지 않는 것도 일종의 주식 투자입니다."

어느 주식의 고수에게 들은 얘기다. 맞는 얘기인 것 같다. 우리는 반드시 지금 결정해야 한다는 강박관념에 사로잡힐 때가 있다. 특히 결혼적령기를 앞둔 사람들의 결혼문제가 그렇다. 가장 어리석은 결혼은 결혼하고 싶지 않고 결혼하고 싶은 사람도 없다. 하지만 남들이 다 하기 때문에 할 수 없이 하는 결혼이다. 때로는 결정을 하지 않는 것도 훌륭한 결정이다.

의식과 무의식

"생각을 의식과 무의식으로 나눌 경우, 의식은 조타수 같은 중요한 역할을 하고 무의식은 배의 엔진과 같이 강력한 힘이 있으나 방향 설정은 하지 못한다. 의식의 힘으로 많은 원재료를 인풋input하고 또 의식이 한 가지 주제에 몰입하게 되면, 그 많은 원재료가 무의식이라는 엔진의 연료로 작용해 잠을 자거나 샤워를 할 때 머리 싸매고 고민하던 해결책을 무심한 듯 던져주는 것이 아닌가 생각한다. 원리야 어떻든 충분한 인풋으로 원재료를 확보하고 몰입으로 점화하면 상상치 못한 강력한 힘이 나오지 않나 싶다."

한국금융연구원 초빙연구위원 김용범이 한 말이다.

이성

"이성만으로 무장한 사람은 손잡이 없는 칼을 쓰는 것과 같다. 칼을 쓰려는 순간 자기 손이 먼저 베일 것이다."

인도의 시인 라빈드라나트 타고르Rabindranath Tagore가 한 말이다.

이익

이익은 내 몸의 재난거리다. 적당히 탐해야 한다.

"이익은 숨쉬기와 같다. 숨쉬기가 중요하긴 하지만 그것이 사는 목표는 아니다. 경영에는 이익이란 자원이 필요하다. 이익이란 말은 참으로 매력적이다. 하지만 우리가 이익을 추구하는 것은 단순히 돈을 불리기 위함이 아니다. 이익은 다음 비즈니스 목표를 달성하는 데 필요한 자원이다."

이케아의 설립자 잉바르 캄프라드Ingvar Kamprad 회장이 한 말이다. 이케아의 최종 목적이 끝없는 이윤 추구에 있지 않고 자사의 기업이념인 '고객에게 싸고 좋은 물건을 제공'하는 데 있다고 강조한다. 이익은 고객에게 더 좋은 물건을 싸게 제공하기 위한 주요 수단이란 것이다.

경영학의 아버지로 불리는 피터 드러커Peter Ferdinand Drucker도 이익은 사업 수행과 존속을 위한 비용이라 말한다. 이윤 획득이 목적이 아니라 더 좋은 일을 하기 위해 이윤을 획득하자는 것이다. 이익은 기업의 목적이 아니라 수단이고, 기업의 궁극적 목적은 사회가 기업에 부여한 역할을 다하는 것이다.

익숙함

익숙함은 마비다. 뭐든 익숙하면 그게 무엇인지, 내게 어떤 의미가 있는지, 그게 사라지면 내게 무슨 일이 일어나는지를 잊게 되고 익숙하면 당연하게 생각하고 감사함을 망각하게 된다. 정말 소중한 것을 소중하게 생각하지 않는다. 건강이 그렇고, 일자리가 그렇고, 가족이 그렇다.

인간

인간은 지우개 달린 연필이다. 연필은 기억하고 남기기 위해, 지우개는 흔적을 지우기 위해 존재한다. 지우는 기능과 쓰는 기능을 한 몸뚱이에 달아놓은 그게 우리 인생이다. 비참함과 아름다움이 함께 있고 망각과 추억이 함께 있다. 젊을 때는 연필을, 나이 들어서는 지우개를 많이 쓴다.

김지수의 저서 『이어령의 마지막 수업』에 나오는 내용이다.

인간의 마음은 정원과 같다. 비옥하게 일굴 수도 있고 방치할 수도 있지만, 어느 경우든 반드시 무언가 자란다. 만약 자신의 정원에 아름다운 화초의 씨앗을 뿌리지 않는다면 그곳에는 잡초 씨가 무수히 내려앉아 잡초만이 무성해질 것이다. 훌륭한 정원사는 잡초를 뽑고 땅을 일구어 아름다운 화초의 씨를 뿌려 키운다. 사람의 마음도 마찬가지다. 멋진 인생을 살고 싶다면 마음의 정원을 일구어 그곳에서 불순하고 일그러진 생각을 뽑아낸 뒤 깨끗하고 올바른 생각을 심어 정성껏 가꾸어야 한다.

영국의 작가 제임스 알렌James Allen의 저서 『생각하는 그대로』에 나오는 내용이다.

인간의 내면

"인간의 내면은 크레페케이크 같다."

소설가 김영하가 한 말이다. 무미건조한 세계 위에 독서와 같은 경험들이 쌓여 개인마다 고유한 내면을 만들어가게 되는 것이다.

인기

인기는 오르락내리락하는 주가와 비슷하다. 거기에 일희일비하면 살 수 없다. 여기에 관심을 가질 수는 있지만 모든 것을 걸 필요는 없다. 장자莊子는 "세상 사람 모두가 칭찬해도 득의양양하지 않고 모두가 질책해도 낙망하지 않는다."라고 말했다. 인기나 명예를 대하는 최고의 방식은 담담함이다. 많은 사람이 칭찬하거나 많은 사람이 비방해도 초연함을 유지하는 것이다.

"인기는 명예의 잔돈이다."
프랑스 작가 빅토르 위고Victor Hugo가 한 말이다.

인기는 마약이다. 다른 사람들이 환호할 때는 온 세상을 얻은 것 같은 기분이 들지만 그렇지 않을 때는 술을 끊은 알코올 중독자처럼 손을 떨지도 모른다. 인기는 허무하다. 거품과 같다. 지금은 당신에게 환호하지만 내일은 언제 그랬냐는 듯 다른 사람에게 환호할 것이다. 인기가 있으면 적은 노력으로 큰돈을 벌 수 있다. 하루 광고를 찍고 서민들 1년 연봉을 받을 수도 있다. 정말 끝내주는 일이다. 하지만 인기가 사라지면 같이 사라진다.

그런 면에서 인기는 마약과 같다. 짜릿하지만 약 기운이 오래가지 않는다. 계속 약을 투여해야 지금의 쾌감을 유지할 수 있다. 계속 양을 늘리지 않으면 안 된다. 하지만 마약을 계속 맞을 수는 없다. 인기도 그렇다. 무슨 수로 인기를 계속 누릴 수 있는가? 세상에 그런 일은 존재하지 않는다. 유명 연예인들이 우울증에 빠지고 자살의 유혹을 느끼는 것도 젊은 나이에 너무 달콤한 인기의 맛을 보았기 때문이다.

인생

인생은 체스 게임과 같다. 계획대로 되는 게 아니라 상대가 어떻게 움직이느냐에 따라 내 삶도 달라진다.

인생은 폴라로이드다. 한 번에 한 컷밖에 찍을 수 없다.

"인생은 비스킷 통이다."

무라카미 하루키가 소설 『상실의 시대』에서 한 말이다. 그게 무슨 뜻일까? 그의 말을 옮긴다. "비스킷 통에는 여러 가지 비스킷이 들어 있고, 거기엔 좋아하는 것과 좋아하지 않는 게 있다. 먼저 좋아하는 걸 먹어버리면 그다음엔 그다지 좋아하지 않는 것만 남게 된다. 난 괴로운 일이 생기면 그렇게 생각한다. 지금 이걸 겪어두면 나중에 편해진다고. 인생은 비스킷 통이라고. 보통 사람들은 하기 쉬운 일부터 한다. 그러다 보면 하기 싫은 일만 남고 뇌는 늘 그 사실을 인식한다. 마음이 불편하고 찜찜하다. 인생을 잘살기 위해서는 하기 싫은 일부터 눈 딱 감고 후딱 해치워야 한다. 실제 해보면 별거 아니다. 남은 건 좋아하고 하기 쉬운 일이다."

"꼭 해야 할 일부터 하라. 그다음에는 가능한 일을 하라.

그러면 어느 순간 불가능해 보이던 일을 하게 된다."
아시시의 성 프란체스코Saint Francis의 말이다.

인생은 스쿼트다. 어떤 무게가 당신을 짓누를 때가 바로 당신이 일어서야 할 타이밍이다.

"사람의 인생이라는 게 뭔가 하는 생각을 해본다. 이제 사과나무 하나를 심어놓고서 그 나무를 키워가는 것이라고 생각해볼 수 있을 것 같다."
철학자 김형석이 한 말이다.

인터레스트

인터레스트interest. 재미와 이익이라는 두 가지 뜻이 있다. 재미가 있어야 이익이 생긴다는 말이 아닐까?

인플루언서

인플루언서는 디지털 시대의 인간 광고판이다. 자신만의 콘셉트로 각종 상품을 홍보하는 콘텐츠를 만들어내는 SNS 스타다. 인플루언서는 광고 제품과 자신을 어떻게든 연관시킨다. 제품을 단순히 광고하지 않는다. 제품을 매일 사용하고 직접 경험해보니 어떤 효과를 보았다는 등 고객으로 하여금 단순히 제품 광고인지 실제 사용 후기인지 구분할 수 없게 만든다. 게다가 다정하고 친근한 태도로 팔로워들의 이야기를 들어주고 당신도 자신과 다를 바 없는 멋진 삶을 살 수 있다고 속삭인다. 일방적으로 사랑을 받기만 했던 연예인과 달리 인플루언서는 스파이더맨처럼 팔로어들의 친절하고 다정하고 사랑스러운 이웃이다. 인플루언서는 롤모델을 제시한다. 선택은 각자의 몫이라는 마무리 멘트도 절대 빠뜨리지 않는다.

볼프강 M. 슈미트Wolfgang M. Schmitt와 올레 니모엔Ole Nymoen의 공저 『인플루언서』에 나오는 내용이다

일

일은 옷장과 같다. 옷장 공간이 두 배로 늘어나도 또다시 채우게 된다. 일도 정해진 시간을 채우게끔 늘어나게 마련이다.

일과 휴식

일과 휴식은 쌍둥이다. 일이 있어야 휴식이 있고 일이 사라지면 휴식도 사라진다. 계속되는 휴가는 지옥에서 지내기 위한 훈련이다. 퇴직 후 아무것도 안 하는 사람을 부러워하는 사람은 없다. 계속되는 휴가는 더 이상 휴가가 아니다. 휴식을 제대로 하기 위해 꼭 필요한 것은 일이다. 그동안 수고한 자신을 격려하고 지친 몸과 마음을 위로하는 것, 잘 쉰 다음에 더 열심히 일하자고 다짐하는 것이 휴식이다.

일방적 대화

일방적 대화는 도저히 받을 수 없는 강한 서브다.

일상의 색맹

일상의 색맹은 일상에서 작은 행복과 기쁨을 보지 못하고 놓치는 사람이다.

자기 존중감

자기 존중감은 심리적 산소와 같다. 산소가 부족한 상황에서는 좋은 풍광도, 맛있는 음식도 아무 소용이 없다. 진정한 소통을 위해서도 존중감은 필수다. 내가 상대를 존중하고 상대도 나를 존중할 때 비로소 소통을 위한 환경이 조성된 것이다.

자녀 교육

"자녀 교육은 자녀와 함께 춤을 추는 것과 같다."

영화 감독 스티븐 스필버그Steven Spielberg의 어머니 레아 애들러의 말이다. 스티븐 스필버그는 난독증에 지진아였다. 어머니 레아 애들러는 피아니스트를 꿈꾸던 여성이었다. 집에는 늘 클래식 음악이 흘렀다. 그는 공부에는 흥미가 없었고 늘 외톨이였다. 하지만 어머니는 자기 아들이 다를 뿐이란 믿음을 가졌다. 후에 그녀는 이렇게 고백한다.

"나는 자녀에게 설교하지 않고 친구처럼 대화했다. 그래서 내 충고는 자녀에게 성가시다고 느끼게 하지 않았다. 그 때문에 자녀들은 내 충고를 진심으로 받아들였다. 많은 아이가 부모가 말했다는 이유로 부모 말을 듣지 않는다. 나는 자녀들과 친구처럼 지냈다. 나는 그들이 날 친구처럼 생각해주길 바랐다. 자녀 교육은 자녀와 함께 춤을 추는 것과 같다. 그러나 반드시 자녀가 이끌어가도록 해야 한다."

자만심

자만심은 일종의 정신적 비만증이다. 비만은 영양 과잉 상태가 된 때문이다. 자만심은 몸과 마음에 힘이 너무 들어가 과잉 상태가 된 때문이다. 나에 대한 건강한 자아 이미지가 형성되어 있지 않을 경우, 다른 방법을 통해서라도 낮은 자존감을 보상받고 싶어한다. 그래서 어깨에 힘이 들어가고 반말을 하게 된다. 반면 건강한 자긍심을 가진 사람은 굳이 몸과 마음에 힘을 줄 이유가 없다. 그냥 자유롭게 놓아두어도 상처 입거나 손상될 일이 없기 때문이다.

자식

"자식은 단추다. 단추라고? 그게 무슨 말인가? 결혼을 옷을 입는 것에 비유하면 이해할 수 있다. 단추가 없는 옷은 쉽게 벗을 수 있다. 근데 단추가 꼭꼭 채워져 있으면 한 번에 쉽게 벗을 수 없다. 결혼 생활에 자식이 있으면 갈등이나 어려움이 있어도 포기하기보다는 한 번 더 생각하고 자식을 위해 조금씩 양보하게 된다. 그래도 심각할 땐 단추를 풀어 벗어버릴 수 있다."

글사세 멤버인 김영희가 한 말이다.

자식은 보험과 같다. 근데 보험의 효용성은 보험료는 내지만 가능하면 보험은 사용하지 않는 것에 있다.

자아비대증

자아비대증은 자신을 너무 사랑해 타인을 사랑할 여지가 적은 것이다. 아니, 내 안에 나밖에 없는 것이다. 나를 비롯한 현대인은 대부분 자신을 너무 생각한다. 아니, 종일 자신만을 생각한다. 자신을 사랑하는 건 필요하지만 정도가 심하다.

작가

"작가들은 모두 미술이라는 군대에 자진 입대한 병사다. 군대에 누구도 가기 싫어하는데 자진해서 입대한 병사다. 미술을 누가 시켜서 한 사람은 없다. 스스로 좋아서 자진해서 들어왔다. 힘들면 그만두면 된다. 아무도 말리지 않는다."

뉴욕의 비평가 제리 솔츠가 한 말이다.

잡담

잡담은 달그락거리는 소리다. 그 사람을 알 수 있는 리트머스 시험지다. 잡담을 하는 것, 말을 거는 것, 말을 걸 때 거기에 대응하는 걸 보면 그 사람이 어떤 사람인지 알 수 있다. 잡담에 대한 태도가 그 사람에 대한 많은 정보를 준다.

잡담은 마음의 디톡스다. 잡담은 인간관계의 불필요한 긴장감을 없앨 수 있다. 잡담력은 잡초의 생명력과 같다.

도심의 콘크리트 틈에서도 돋아나는 민들레와 같다. 필요한 이야기, 용건과 관련된 이야기만으로는 그 상황이 끝나면 그것으로 모든 게 끝나버린다. 그때 말을 걸었더라면, 조금만 더 귀를 기울였더라면 하고 후회한 적은 없는가?

일본 메이지대학교 문학부 사이토 다카시 교수의 저서 『잡담이 능력이다』에 나오는 내용이다.

장점과 단점

장점은 발효고 단점은 부패다. 우유를 발효하면 요구르트가 되고 부패하면 썩은 우유가 된다. 발효도 부패도 미생물이 유기물질을 분해하는 과정이다. 그중 인간에게 유익한 것을 발효, 유해한 것을 부패라고 부른다. 인간 중심적 시각이다. 장점과 결점을 논할 때도 그렇지 않을까? 자신에게 유리한 면을 장점, 불리한 것을 결점이라고 부르는 것은 아닐까? 한국인의 '빨리빨리'는 최대 약점인 동시에 최대 강점인 것을 보면서 그렇게 생각한다.

장편과 단편

장편을 쓰는 건 숲을 가꾸는 일이고 단편을 쓰는 건 정원을 가꾸는 일이다. 장편은 마라톤이고 단편은 멀리뛰기다.

일본 작가 무라카미 하루키가 한 말이다.

재무제표

"대차대조표와 손익계산서와 현금흐름표는 체온계와 같다. 체온에 민감해야 한다. 사소한 숫자의 변화를 감지하여 회사의 실제 모습을 파악할 수 있어야 한다."

ITT 그룹의 전 CEO 헤럴드 제닌Harold Geneen이 저서 『매니징』에서 한 말이다.

재택근무

재택근무는 자율주행과 같다. 신뢰 없이는 하기 어렵다.

전쟁

전쟁은 무기로 하는 외교다. 그렇다면 외교는? 무기 없이 하는 정치다.

정부의 과도한 개입

정부가 대학이 학생을 어떻게 뽑는가를 개입하는 것은 의사에게 환자의 종류를 정해주는 것과 같다. "당신은 170센티미터 이상 환자만 보시오."

정신적으로 빈곤한 부자

"많은 재물을 소유하고 있으면서 정신적으로 빈곤한 사람은 마치 한여름에 두꺼운 겨울옷을 입고 즐기는 것 같은 어색한 인생을 살도록 되어 있다."

철학자 김형석이 한 말이다.

정직

"노력이 덧셈이라면 정직은 곱셈이다. 아무리 큰 숫자도 0을 곱하면 0이 된다. 큰 성과를 이루었어도 정직하지 않으면 한순간에 무너질 수 있다."

이미지솔루션의 김진수 전 회장이 한 말이다.

정치

정치는 요트 항해다. 요트는 배와 달리 모터가 없다. 오직 바람에 의지해서 항해해야 한다. 여론조사는 바람의 방향을 알려주는 바람개비다. 정치에서 천재의 영감이라는 것도 결국 작은 기미 혹은 눈에 띄지 않는 흐름을 포착하는 능력일 뿐이다.

정치인

정치인은 표식동물이다. 오로지 표만을 쫓아 행동하는

사람이다.

조기교육

조기교육은 아이에게 좀 더 일찍 걸음마를 가르치는 것과 같다. 걸음마를 일찍 뗀다고 잘 걷거나 마라톤 선수가 되는 건 아니다.

영국과 웨일스는 대학 입학 전 고등학생들에게 몇 가지 뿐인 목록을 보여주고 그중 갈 길을 고르라고 말했다. 이는 16세 때 고등학교 여자 친구와 혼인을 할지 말지를 선택하라고 강요하는 것과 비슷하다.

데이비드 엡스타인David Epstein의 저서 『늦깎이 천재들의 비밀』에 나오는 내용이다.

조직문화

조직문화는 전륜구동이다. 높은 사람이 먼저 솔선수범

하고 잘하는 팀과 사람이 먼저 해야 한다.

  조직문화는 닻과 같다. 빠르게 할 수는 없지만 속도를 늦추거나 멈추게 할 수는 있다. 그러므로 외부환경에 맞춰 신규 전략을 실행하거나 조직 전체를 정비하려 할 때는 조직문화도 새롭게 재편해야 한다.

  변화를 위해서는 문화적 장벽을 넘어야 한다. 문제는 조직문화가 무엇인지 명확하지 않다는 것이다. 미묘하고 애매하고 손에 잡히지 않는다. 특히 소극적인 저항의 문화가 그렇다. 대놓고 반대하지는 않지만 아주 교묘하게 방해한다. 이상한 꼬투리를 잡고, 겉으로는 찬성하는 것 같지만 뒤에서 발목을 잡는다. 그러면서 늦추고 힘을 빼고 시간을 질질 끌면서 프로젝트를 유산시킨다. 상대 전화에 늦게 답을 하거나 터무니없는 정보를 과하게 요구하기도 한다. 이런 소극적인 저항에는 손쓸 도리가 없다.

  반대로 변화에 개방적이고 유연한 문화, 적응적 문화에서는 새로운 변화의 계획을 돕는 것은 물론 문화가 실제 변화를 추진하기도 한다.

광고계의 저명한 저널리스트인 워런 버거Warren Berger의 저서 『최고의 선택을 위한 최고의 질문』에 나오는 내용이다.

조직문화의 변화

여러 기업이 자주 하는 얘기 중 하나는 조직문화다. 조직문화를 바꾸겠다고 한다. 근데 이게 쉬울까? 절대 쉽지 않다. 조직문화의 변화는 여름날 잡초 제거와 비슷하다. 뿌리까지 제거하지 않으면 자꾸 다시 자란다.

좋은 책을 읽는 것

좋은 책을 읽는 것은 영혼의 샤워다. 좋은 책은 정화 기능이 있다. 읽는 과정에서 저절로 좋은 생각이 만들어지고 상처받은 영혼이 치료된다. 좋은 책을 많이 읽은 사람은 맑은 영혼을 갖게 되고 얼굴에 빛이 난다.

주식 투자

주식이 오를지 내릴지는 신도 모른다는 말이 있다. 오를 걸로 생각해 산 주식은 오르지 않고 오르지 않을 걸로 생각한 주식은 오르기 때문이다.

그래서 경제학자 존 메이너드 케인스_{John Maynard Keynes}는 "주식 투자란 미인선발대회와 같다."라고 말했다. 내가 미인이라고 생각하는 사람이 아니라 많은 사람이 미인이라고 생각하는 사람이 미인으로 선출된다는 것이다.

죽음

죽음은 신나게 놀고 있는데 엄마가 "애야, 밥 먹어라." 하고 부르는 것이다. 엄마는 밥이고 품이고 생명이다. 이제 그만 놀고 생명으로 돌아오라는 부름이다. 그렇게 보면 죽음은 또 하나의 생명이다.

김지수의 저서 『이어령의 마지막 수업』에 나오는 내용이다.

"죽음이란 마라톤 경기에서 결승선에 골인하는 것이다. 마라톤을 시작했으니 결승선을 통과해야 한다. 여기까지 최선을 다했다면 그다음이 무엇일지는 생각할 필요가 없다. 죽음이 있기 때문에 인간은 최선의 인생을 살게 되는 게 아닐까?"

철학자 김형석이 한 말이다.

중앙은행의 임무

"중앙은행의 임무는 파티가 한창 달아올랐을 때 그릇을 치우는 일이다."

미국 닉슨 대통령 시절 연준의장이었던 윌리엄 마틴 주니어William McChesney Martin Jr.가 한 말이다.

지식

지식은 생각의 원재료다.

지식은 무지의 가장 좋은 해독제다 Knowledge is the antidotes to fear.

진화와 눈먼 시계공

"생물세계의 진화과정은 눈먼 시계공이다. 근시적 개미에 가깝기 때문이다. 미래의 정답을 알고 있는 천재의 창의력이 아니라 눈앞에 닥친 도전과제를 하나씩 해결해가면서 끊임없이 경로를 수정해가는 개미의 집요함이 기술혁신의 비밀이다."

진화생물학자 리처드 도킨스 Clinton Richard Dawkins 가 한 말이다.

질투

질투는 자기가 먹을 음식에 침을 뱉는 짓이다. 질투에는 어떤 즐거움도 없다. 질투해서 이득을 보는 경우는 없다.

수명만 짧아지고 건강만 해친다. 제 칼로 제 목을 치는 격이다. 남을 겨냥하지만 결국은 자신만 다친다. 질투는 우둔하고 희생만 크며 아무것도 남는 것이 없다.

채용

채용은 발굴이다.

채용은 가장 비싼 쇼핑이다. 충동구매를 하지 말아야 한다. 신중하게 해야 한다.

책

"책은 세상을 살아가는 데 유용하게 쓰일 탄약을 확보

하는 것과 같다."

미국 대통령 시어도어 루스벨트Theodore Roosevelt가 한 말이다.

책을 쓰는 것

책을 쓰는 것은 스킨스쿠버와 같다. 한 가지 이슈에 대해 책을 쓰기 위해서는 깊이 들어가야 한다. 먼저 관련한 공부를 해야 하고 그러기 위해서는 체력과 집중력이 있어야 한다.

책을 쓰는 것은 아이를 낳는 것과 같다.

천수답 영업

천수답은 모든 걸 하늘에만 의존한다. 비가 오면 고맙고 비가 오지 않으면 농사를 짓지 못한다. 마케팅이나 발품을 팔지 않고 알아서 찾아오는 고객만 기다리는 게 천수답 영업이다. 손님이 오지 않고 장사가 되지 않으면 불황을 탓하는 게 일이다.

철학

철학은 평형수다. 평형수는 균형을 잡아준다. 세월호가 가라앉은 건 평형수가 부족했기 때문이다. 철학은 생각하는 힘이다. 그게 삶의 중심을 잡아준다.

철학, 형이상학, 종교

"철학은 깜깜한 방에서 고양이를 찾는 것과 같다. 형이상학은 깜깜한 방에서 없는 고양이를 찾는 것과 같다. 종교는 깜깜한 방에서 고양이를 찾았다고 주장하는 것과 같다."

현각 스님이 한 말이다.

첫인상

첫인상은 고감도 필름으로 상대의 사진을 찍어 마음속 깊은 곳에 간직하는 것이다. 해독은 어렵지만 인간관계를 맺을 때 중요한 정보 중 하나다. 첫인상을 만들 기회는 두 번 오지 않는다.

청계파와 공회전

청계파를 아는가? 매일같이 청계산을 오르내리는 사람들을 그렇게 부른다. 그렇게 열심히 운동하지만 활기가 없고 뭔가 허전하고 빠진 것 같다. 왜 그럴까? 어떤 이는 그들을 공회전하는 자동차에 비유했다. 자동차는 움직여야 효용성이 있는데 움직이지 않으니 별다른 효용성이 없다는 것이다.

체중

체중은 건강한 삶으로 안내하는 내비게이션이다. 먹고 돌아다닌 일상의 결과다. 많이 먹고 적게 움직였으면 몸무게는 어김없이 늘어난다. 체중은 칼로리 수입과 열량 지출을 표기한 신체 회계장부다. 그렇기에 매일 아침 체중계에 올라섰을 때 전날 내 활동에 대한 성적표를 받는 느낌이다. 먹은 만큼 늘고 움직인 만큼 준다. 체중은 수학이다. 숫자에 속임수나 착각이 있을 수 없다. 체중계는 살이 안 찐다.

조선일보 의학전문 김철중 기자가 기사에 쓴 내용이다.

체지방과 근육

체지방은 외투고 근육은 방탄복이다. 뚱뚱한 사람은 더위를 견디지 못한다. 땀을 비 오듯 흘린다. 여름에 두꺼운 외투를 입은 것과 같기 때문이다. 반대로 체지방이 없으면 추위를 잘 타고 감기에 잘 걸린다. 무리해서 체지방을 줄이면 여름에도 내복을 입는 일이 벌어진다. 근육이 많으면 다치지 않는다. 잘 넘어지지도 않고 넘어져도 크게 다치지 않는다. 근육이 우리 몸을 보호하기 때문이다.

"체지방은 빚이나 소비다. 없애야 한다. 근육량은 저축이다. 늘려야 한다. 기초 대사량은 최소 생활비다. 이렇게 대입을 하면 도움이 된다. 체지방을 빼는 것은 빚과 소비를 없애는 것이다. 월급의 50%를 저축하는 건 근육을 단련하는 것과 같다. 기초 대사량을 높이는 건 최소 생활비를 낮추는 것이다."

글사세 멤버인 도유나가 한 말이다.

출산 후 느낌

"출산 후 힘들었다. 기진맥진했다. 마라톤을 다 뛴 후 트럭에 받힌 것 같은 기분이었다. 오히려 장점도 있다. 처리해야 할 일이 너무 많고 그런 일에 집중하느라 나 자신에 대해 의문을 품거나 겁먹을 여유가 없었다. 엄마가 되자 일에 집중해야 할 영역, 그렇지 않은 영역이 뚜렷하다."

하버드대학교 법대 석지영 교수가 한 말이다.

출신

출신은 한번 입으면 영원히 입고 있어야 하는 옷 같은 것이다.

치매

치매는 영혼의 정전이다.

칭찬

칭찬은 숨겨진 채찍이다.

ㅋ, ㅌ, ㅍ

컨셉

무기와 같다. 특히 마케팅 전쟁에서는 그렇다. 이순신 장군이 튼튼하고 기동력 좋은 판옥선과 함포의 위력을 앞세워 23전 23승을 거두었다. 무기의 비대칭성을 활용한 덕분이다. 칼을 든 군대는 총을 든 군대와 싸워 이길 수 없다. 컨셉은 무기, 영업은 병력이다. 칼을 든 영업사원이 총을 든 영업사원을 이길 수는 없다.

김근배의 저서 『끌리는 컨셉의 법칙』에 나오는 내용이다.

케이스 스터디

MBA를 할 때 가장 많이 하는 게 케이스 스터디다. 잘된 회사와 망한 회사의 사례를 놓고 그 이유가 무엇이고 어떻게 했으면 좋을지를 논의하는 것이다. 나름의 의미는 있다.

하지만 늘 이 과정에 의문을 품었다. 경영학의 본질이 남이 한 경영에 대해 훈수를 두고 분석하는 것일까? 분석을 많이 하면 자기 사업을 잘할 수 있을까? 안 하는 것보다는 낫겠지만 그게 새로운 가치를 만들어내는 것 같지는 않다. 죽은 자식 나이를 세는 것과 비슷하다. 그런 의미에서 경영학의 케이스 스터디는 시체 부검과 비슷하다. 분석하고 시체를 부검하면 원인은 찾을 수 있지만 딱 거기까지다.

원인을 잘 찾는다고 경영을 더 잘하는 건 아니다. 케이스 스터디 분석을 많이 한다고 경영을 잘할 것 같지는 않다. 경영학이 경영자를 위한 학문이 아니고 경영학 교수를 하기 위한 학문이란 비판을 받는 이유다.

코르티솔

"코르티솔은 스트레스의 충격 완화 장치다."

가정의학과 전문의 이동환의 저서 『피로세포』에 나오는 말이다.

태도

자신에 대한 평가와 피드백을 수용하는 태도는 리더십의 자질을 보여주는 리트머스 시험지다. 피드백 수용도가 높은 리더는 빠르게 성장하고 지속가능하다. 하지만 수용도가 낮은 리더는 조만간 사라질 가능성이 크다.

토끼와 거북이

만약 토끼와 거북이가 바다에서 경주했다면 누가 이겼을까? 바다였다면 거북이가 최소한 그렇게 맥없이 지지는 않았을 것이다. 우리가 지금 마주하는 디지털 트랜스포메

이션이라는 변화의 바람은 판이 산에서 바다로 바뀔 정도로 강력하다. 그렇다면 산에서 경주할 때와 바다에서 경주할 때의 자세와 준비도 달라야 한다.

이코노미스트 김광석의 저서 『경제 읽어주는 남자』에 나오는 내용이다.

통계

통계는 비키니와 같다. 다 보여주는 것 같지만 정말 중요한 건 보여주지 않는다.

"통계는 술 취한 사람 옆의 가로등과 같다. 빛을 비추기보다 기대는 용도로 쓴다."

영국 수상 윈스턴 처칠Winston Churchill이 한 말이다.

패러다임의 전환

패러다임의 전환은 작지만 강한 뇌관과 같다. 뇌관은 스스로 엄청난 파괴력을 갖고 있지 않다. 다만 화약 내부에 잠자고 있는 파괴력을 깨우는 역할을 한다. 지구를 중심으로 태양이 돈다는 것과 태양을 중심으로 지구가 돈다고 생각하는 것이 처음에는 그리 커 보이지는 않는다. 하지만 파괴력은 엄청나다.

퍼스트레이디와 사이드카

"퍼스트레이디는 직업도 아니고 공식 직함도 아니다. 대통령에게 딸린 사이드카 같은 것이다."

미국의 전 대통령 버락 오바마Barack Obama의 아내 미셸 오바마Michelle Obama가 한 말이다.

편견

"편견은 황달이다. 편견이 담긴 눈으로는 무엇을 봐도 누렇게 보인다."

미국의 수학자 존 포플John Pople이 한 말이다.

편안함

편안함은 흐르지 않는 강물이다. 서서히 썩을 수밖에 없다. 흐르는 강은 비록 불편하지만 어딘가를 지향한다. 잠들지 않는 물이다.

풀과 종려나무

악인은 풀과 같이 생장하고 의인은 종려나무 같이 번성한다. 『성경』의 「시편」에 나오는 내용이다. 풀은 나무보다 빨리 자란다. 풀이 자라는 동안 나무는 마치 죽은 듯이 보인다. 그러나 풀은 한 해가 지나면 쓰러지고 말라버린다.

그러나 나무는 그렇지 않다. 나는 풀일까? 종려나무일까? 뜨끔하다.

하소연

하소연은 진통제다. 사람들은 고민이나 불평거리가 있을 때 하소연할 대상을 찾아 헤맨다. 그리고 아무 상관 없는 이에게 고민거리를 쏟아낸다. 그게 하소연이다. 나름의 고민 해결 방법으로 생각하지만 그런다고 고민이 사라지지는 않는다. 단기적으로 고민이 덜어졌다고 착각할 뿐이다. 진통제처럼 잠시 아픔을 덜어주는 역할을 할 뿐이다.

학위

학위는 단지 지식 소비 영수증에 불과하다. 지성인은 수시로 학교 문을 들락날락한다. 요리의 맛이 값과 일치하지 않듯이 학력學力이 학력學歷과 일치하지는 않는다.

한글 전용

한글 전용은 알파벳을 모르면서 영어를 배우겠다는 것이다. 한글에는 한자말이 많기 때문이다.

행복

행복은 향수와 같다. 향수는 은은하게 퍼진다. 행복도 그러하다. 전파력이 강하다.

행복은 강가의 부드러운 물결에 기분 좋게 흔들리는 배와 같다.

"행복은 아이스크림이다. 입을 잠시 즐겁게 하지만 반드시 녹는다. 행복공화국에는 냉장고가 없다. 모든 아이스크림은 녹는다는 점을 받아들이고 자주 여러 번 아이스크림을 맛보자."

연세대학교 심리학과 서은국 교수가 한 말이다.

"행복한 사람은 적당한 식욕을 느끼고 적당한 양의 음식을 맛있게 먹는다. 의무감에서 식사하는 사람은 금욕주의자다. 대식가는 방탕한 사람과 비슷하다. 미식가는 입맛이 까다로운 사람이다."

20세기를 대표하는 지성인 버트란트 러셀Bertrand Russell이 한 말이다.

험담

"험담은 불량 접착제다. 접착제 역할을 하지만 품질이 불량이다. 이게 무슨 말? 누군가 제삼자를 씹다 보면 둘 사이에 공감대가 형성되면서 우정이 싹트는 것 같은 기분이 들고 실제 둘 사이에 친근감이 생긴다. 그래서 접착제 같은 역할을 하지만 그 사람이 언제 다른 사람 앞에서 나를 씹을지 모른다. 그런 식으로 친해지는 건 진정한 의미의 친함이 아니다. 그래서 불량 접착제다."

미국의 리더십 권위자 스티븐 코비Stephen Covey가 한 말이다.

헬스장

헬스장은 몸을 조각하는 곳이다.

혁신

"혁신은 공중 점프보다는 개울 건너기에 가깝다. 단 한 번으로 넘을 수 없는 개울에는 징검다리를 놓아야 한다. 증기기관의 등장을 알았지만 바로 증기기관을 상업화하는 대신 나무를 철재로 바꾼 존 스미턴^{John Smeaton}이 바로 그렇다.

혁신은 이어달리기와 같다. 랭글리와 라이트 형제는 경쟁자라기보다 이어달리기 선수에 가깝다. 진화론도 그렇고 세상의 모든 혁신은 이어달리기다. 혼자 갑자기 뭔가를 만들어내는 것이 아니라 한 사람의 뒤를 이어 또 다른 사람이 조금씩 보태면서 혁신은 이루어진다."

경영 컨설턴트 김은환이 한 말이다.

협상

협상은 마음에 안 드는 이성과 같이 춤을 추는 것이다.

호기심

호기심은 마중물이다. 마중물이 있어야 물이 나오듯 호기심이 있어야 지식이 들어온다.

호르몬

호르몬은 희로애락의 지배자다.

화

"화는 산酸과 같아서 퍼붓는 대상보다 그것을 담은 그릇에 더 큰 피해를 줄 수 있다."

인도 건국의 아버지 마하트마 간디Mahatma Gandhi가 한 말이다.

화는 우유와 같아서 너무 오랫동안 담아두면 안 된다.

후반전을 사는 것

인생의 후반전을 사는 사람은 바순 연주자와 비슷하다. 바순은 오케스트라 합주 외에는 효율적이지 못하다. 바순은 독주가 거의 불가능하다.

희망

희망은 독수리의 눈빛과 같다. 항상 닿을 수 없을 정도로 아득히 먼 곳만 바라보고 있기 때문이다.

희망은 불빛이다. 희미해도 앞이 보이는 게 희망이다. 이와 관련해 쥐 실험을 통해 삶의 의욕을 측정했다. 하나는 깜깜한 장소에 놓인 항아리 속에 쥐를 떨어뜨리고 쥐가 생명을 포기하고 물에 빠져 죽을 때까지 얼마나 오랫동안 수영을 계속하는지 시간을 쟀다. 쥐는 3분 남짓 버티다 익사했다. 또 다른 하나는 같은 종류의 항아리 속에 쥐를 떨어뜨렸는데 이번에는 어둠 속에 한 줄기 빛이 들어오게 했다. 쥐는 36시간 동안 계속 수영을 했다. 어둠 속에 있던 쥐보다 무려 700배나 더 긴 시간이다! 앞이 보이지 않는 쥐는 3분 만에 포기했지만 뭔가를 볼 수 있었던 쥐는 36시간을 버티면서 수영을 계속했다. 이게 희망의 파워다.

사람도 그렇지 않을까? 앞이 캄캄하고 아무런 희망이

보이지 않는다면 견디기 어렵다. 하지만 희미한 희망이라도 볼 수 있다면 그 사람은 살 수 있다. 사람은 음식 없이는 40일을 살 수 있다. 물 없이는 4일, 공기 없이는 4분, 희망 없이는 4초만 살 수 있다는 말이 있다. 여러분의 희망은 무엇인가?

힘내

우울함과 불안함으로 고통받는 이에게 "힘내."라는 말은 하반신이 마비된 사람에게 달려보라고 하는 것과 같다. 그럴듯하지만 별다른 효용성이 없다.

기타

SNS상의 관계

"SNS상의 관계는 사회적 패스트푸드와 같다. 배는 부르지만 건강에는 좋지 않다. 단기적으로 외로움을 달래주지만 그때뿐이다. 영양가 없는 관계다."

캐나다 논픽션 베스트셀러 작가 마이클 해리스Michael Harris가 한 말이다.

1차 진료

"1차 진료는 지나가는 기차의 창에서 누군가의 얼굴을 찾는 것이다."

하버드대학교 의과대학 제롬 그루프먼Jerome Groopman의 저서 『닥터스 씽킹』에 나오는 말이다.

2세 경영

"검증 안 된 2세에게 경영권을 물려주는 건 2020년 올림픽 선수 선발을 2000년 올림픽 금메달리스트 자녀 중 나이순으로 하는 것과 같다."

미국 투자자이자 '오마하의 현인'으로 불리는 워런 버핏 Warren E. Buffett이 한 말이다.

은유의 문장들

초판 1쇄 인쇄 2023년 1월 7일
초판 1쇄 발행 2023년 1월 18일

지은이 한근태
펴낸이 안현주

기획 류재운 이지혜 **편집** 안선영 **마케팅** 안현영
디자인 표지 최승협 본문 장덕종

펴낸곳 클라우드나인   **출판등록** 2013년 12월 12일(제2013-101호)
주소 우 03993 서울시 마포구 월드컵북로 4길 82(동교동) 신흥빌딩 3층
전화 02-332-8939   **팩스** 02-6008-8938
이메일 c9book@naver.com

값 14,000원
ISBN 979-11-981209-2-2 03320

- 잘못 만들어진 책은 구입하신 곳에서 교환해드립니다.
- 이 책의 전부 또는 일부 내용을 재사용하려면 사전에 저작권자와 클라우드나인의 동의를 받아야 합니다.

- 클라우드나인에서는 독자여러분의 원고를 기다리고 있습니다.
  출간을 원하는 분은 원고를 bookmuseum@naver.com으로 보내주세요.

- 클라우드나인은 구름 중 가장 높은 구름인 9번 구름을 뜻합니다. 새들이 깃털로 하늘을 나는 것처럼 인간은 깃펜으로 쓴 글자에 의해 천상에 오를 것입니다.